TURING 图灵新知

费曼思考法

[美] 彼得·霍林斯（Peter Hollins）——著
戴童——译

5步成为学习高手

人民邮电出版社
北 京

图书在版编目（CIP）数据

费曼思考法 ：5步成为学习高手 /（美）彼得·霍林斯（Peter Hollins）著 ；戴童译. -- 北京 ：人民邮电出版社，2025. --（图灵新知）. -- ISBN 978-7-115-65411-3

Ⅰ. G442

中国国家版本馆CIP数据核字第2024P7Z149号

内容提要

作为20世纪最伟大的物理学家之一，理查德·费曼的科学思想对人类社会产生了深刻的影响，是留给后世的宝贵遗产。除此之外，他还是出了名的“多面手”：教育家、鼓手、开锁大师……他对世界充满热情，总有新点子解决任何问题。费曼是怎么观察和理解世界的？是什么让他取得如此之多的成就？本书通过费曼的众多事例，总结了他在学习、任教、做科研时所使用的思考技巧。掌握了这些技巧，我们也可以激发好奇心与创造力，像科学家一样思考，革新自己的思维模式。

◆ 著　　　　[美] 彼得·霍林斯（Peter Hollins）
译　　　　戴　童
责任编辑　赵晓蕊
责任印制　胡　南

◆ 人民邮电出版社出版发行　　北京市丰台区成寿寺路11号
邮编　100164　　电子邮件　315@ptpress.com.cn
网址　https://www.ptpress.com.cn
北京七彩京通数码快印有限公司印刷

◆ 开本：787×1092　1/32
印张：6.5　　　　2025年1月第1版
字数：90千字　　　2025年9月北京第5次印刷

著作权合同登记号　图字：01-2024-3920号

定价：52.80元

读者服务热线：(010)84084456-6009　印装质量热线：(010)81055316
反盗版热线：(010)81055315

目　录

第一章
学会“看”世界

睁大眼睛，保持谨慎。没有深入思考过，就不要轻易接受任何所谓“真相”。把那些半真半假、蛊惑人心的东西揭露出来，消除掉。要学会欣赏周围世界的美丽，最重要的是，要思考——思考一切！

——理查德·费曼

我知道什么？

我是怎么知道这些事的？

有没有更好的方法去弄懂这些事？

这样的方法怎样找？

我不知道什么？ 该如何学习这些事？

我会不会弄错了？

这件事本来该是什么样子的？

什么是一件事的“本质”？

我需要什么能力来感知和理解它？

大多数人很少有时间问这些问题。

认识论这门学问，探究的就是“探究”这件事，它围绕着人类认知的局限性、特征和来源提出各种问题。为了思考我们是如何思考的，是如何积累关于周遭世界的知识的，我们需要转变一下思维方式。

你也许听说过理查德·费曼——诺贝尔奖物理学得主，理论物理学家，我们这个时代最著名、最受喜爱的科学家之一，原子弹研发的参与者，在纳米技术、超流理论和量子计算等方面做出过开创性的贡献。然而，费曼之所以如此受人关注，还因为他善于向公众普及自己的科研工作，他的多部科普著作和自传激发了大家的想象力，为他赢得了好感，让他在公众眼中成为知识的严谨、科学的进步和理性的力量的代言人。

但在寻找真知的过程中，老天并没有偏心地赋予理论物理学家们更多捷径。费曼的思维方式和世界观能如此独特，关键在于他是“怎么想”的，而不在于他“想的是什么”。他不断地问自己：我知道什么？我是怎么知道的？我如何才能做得更好、了解更多？

这就是本书的主题。我们要把无与伦比的费曼当作向导和灵感之源，超越单纯的物理学，探究一下“探究”这件事的本质。我们还要把眼光放得更广，学会如何向生活取经。无论你从事何种职业，掌握何种技能和专业知识，无论你有什么兴趣爱好，无论你面临着怎样的挑战，通过学习“学习”这件事本身，一切也许都能有所改善。

或许，你最关心的是自己的人际关系、职业发展和人生规划；或许，你关心那些凌驾一切的宏大哲学问题，它们也曾折磨、困扰过人类最伟大的头脑：无论如何，你都免不了要微调自己的智慧来改善自身的处境，而这种智慧的唯一任务，就是引导你在这世间前行，帮助你理解其中的意义。这种“微调”能力是一种“元技能”，可以迁移到生活的方方面面。

学习观察、总结概括、分析、提取含义、提出问题、寻找答案、创造、解决问题，其实，这些都是在学习如何思考。对人类来说，在某种程度上，学会思考就能让我们成为自己的主宰，掌控自己的世界。学会真正的思考（我们在后文中就会看到，很多人对“会思考”这件事的误解有多大），这种能力永远不会过时，永远不会失去价值。

大脑可被看成一件工具，它会启发我们更好地使用其他工具。这件工具有着令人着迷的潜力——它能根据需求改变自身，不断调整适应。就像那些达到人类理解力最前沿的物理学家一样，你也能提出这个问题：“我应该怎么做，我该如何思考，才能理解这一切？”

学习『学习』这件事本身。

像火星人一样思考

在一次采访中，费曼分享了小时候父亲教他的一个游戏。他们坐在餐桌旁，全神贯注地讨论一个话题，父亲会开玩笑地问他一些问题，比如：

假设我们是第一次来到地球的火星人，从来没见过地球上的东西，我们从外面观察着，那会是什么样的感觉？我们会看到什么？

方面，这个游戏是一个能引起孩子幻想的简单活动；另一方面，它抓住了科学探究的精神。这个“游戏”让我们体会到，不带任何“先验”色彩的纯粹的好奇心是什么样的。如果你预先不抱任何信念，不带偏见，没有任何先验理解影响你的观察，世界对你来说会是什么样的？

你思考得越多，这个问题就越深刻。

凭借全新的眼光看世界，一切都变得有趣起来。你不再认为有些事情是理所当然的。比如，作为一个火星人，假设你从不睡觉，也不需要睡觉，甚至不知道睡眠是什么，以前也从未想象过睡眠这件事，那不仅睡眠不是你的世界的一部分，而且你甚至不会为此感到奇怪，或觉得不可思议。

想象一下，此刻你来到地球，你观察到每 24 小时，人类都会在一段时间内陷入“昏迷”状态。他们会闭上眼睛，躺下来一动不动，呼吸减慢。你注意到，他们会把自己装进织物制成的“袋子”里，“袋子”与他们的身体大小大致相同，然后在那里待上几小时。

如果你是一名火星科学家，你恐怕会有很多疑问吧！你会从哪里开始呢？你会想知道：到底发生了什么，为什么会这样？你会好奇：人类以这种方式突然失去意识是一种什么感觉？这么做的目的是什么？人类会以各种不同的方式践行这种习惯，这又意味着什么？你可能还想知道，这是一种怎样的体验：不清醒状态到底意味着什么？大脑还能“工作”吗？意识是突然消失的，还是逐渐消失的？为什么？

对于一个只知道一种存在状态（清醒状态）的火星人来说，思考“睡眠”的含义肯定就像人类想象除睡眠和清醒之外的第三种意识状态一样。

从一件随便想到的、显而易见的，甚至有点儿无聊的事情（睡眠）开始，很快，你就陷入了一连串深刻的问题中，比如，“清醒”意味着什么？我们怎么才能知道另一个人的意识是什么感觉？当谈论“清醒”“意识”这种日常用语时，我们真正谈论的是什么？

如果这些问题能够启发人们重新思考生活中的“怪事”，它们就会变得很有趣……当然，这些问题说不定还能为科幻小说提供灵感呢！我们还是深入探讨一下。

费曼做了一个类比。我们在树上看到一只鸟，有人会问“这是什么鸟”，你也许能说出它的名字。那么，这是否意味着你知道这只鸟“是什么”？你真的掌握眼前这个事物的含义了吗？你能说自己拥有相关知识了吗？假设你用自己的语言说出了这只鸟的名字，它是一只“云雀”，但意大利人说它是“allodola”，希腊人说它是“κορυδαλλός”……也许，一个火星人从天而降，当被问到他看到了什么时，他头上的一个小漏斗里会冒出一串气泡……

我想你现在明白了。就算知道代表某个事物的符号，也不意味着了解它。可以说，认识一些模式和特征，并将它们映射到预先存在的思维模型上，根本不是真正的了解。你真的见过鸟吗？再看一看，你真正看到的是什么？想象一下，你从来没有被告知过任何关于鸟类的事情，带着一颗新鲜的、未使用过的大脑，跌跌撞撞地走进了这个世界。一个现象在你面前展开：一片光影、一种声音、一个东西——它是什么？

假设你是观察地球人睡觉的火星人，那么请深入想象一下：你不知道什么是“意识”，也没对一种被称为“心灵”的东西预先抱有信念。现在，如果有人问你“心灵是什么”，而且他自己也不知道这是什么东西的话，你认为，你能轻松地向他解释清楚吗？

“火星人问题”是一种强大的方法，超越了我们的语言的局限。有时，我们认为学习是一个积累的过程——我们原本是无知的，然后在无知的基础上积累知识，增进自己的理解。但在很多时候，真正掌握现实的本质是一种剥离过程——剥去层层假设，让感知更加清晰，并重新审视眼前的事物。

理解世界本来面目的最大障碍，就是我们坚持认为自己已经知道那是什么了。当看到有人在织物制成的“袋子”里失去知觉时，我们就自信地说：“他上床睡觉了。”这种话给人的印象是，我们已经全面理解所发生的事了。果真如此吗？

当你提出“火星人问题”，并尝试以新的视角来看待你自以为理解的事情时，你就会换一种方式提问，而这意味着，你将得到完全不同的答案。如此一来，你能想象出的解决方案也会大不一样。你之所以“跳出了盒子”思考[①]，是因为你首先能看到有这么一个盒子，你会好奇，是谁把它放在这儿的？为什么放在这儿？如果盒子消失了，又意味着什么？

① 意指“打破思维定式”。——译者注

超越语言的局限。

现实生活中的火星人问题

如果你是一位童书作家，或是一位载誉而归的物理学家，那么你或许会觉得“火星人问题”很有意思。但它真能运用到现实生活中吗？每次做早餐的吐司时，你是否都必须“重新造轮子”[①]？

发明家马丁·库珀（Martin Cooper）被誉为“移动电话之父”，他并非只是创造了一个有趣的新玩意儿，在审视了20世纪70年代初的电话通信状况之后，他问了一个问题：“为什么非要把电话打到一个地方，为什么不能直接打给一个人？”

你看，他的观点的“转弯”之处就是：摆脱一定要在某个特定地方拨打和接听电话的限制。这对今天的我们来说是理所当然的，在当时却并非如此。库珀率先提

① 比喻重复创建或新创造一套工具、方法，多指这一过程是不必要的步骤。——编者注

出了将电话作为个人随身物品的想法，并表示，要发明一部个人电话，“它可以代表个人身份，你也因此能分得一个号码。它不再属于一个地方，不再属于一张桌子，不再属于一个家，而属于一个人”。

库珀提出了有趣的问题，并非因为他是一位聪明的发明家、工程师或通信领域的专家（不过这些确实都是他的身份），而是因为他能以新的眼光看待问题。这是决定他职业生涯的关键问题，也是开启移动通信时代的关键问题，却也是一个连五岁孩子都可能会问出来的问题。

今天，人们不觉得这种想象力带来的飞跃有什么稀奇的，因为这已经是世界的一部分。同样，我们也不再会环顾四周，看看迄今为止我们尚未探究和洞察的想法有着怎样的巨大潜力。然而，它们就在那里，隐藏在众目睽睽之下，隐藏在与库珀向自己提出的一样简单、明显的问题之中。

你应该养成习惯，多问问自己一些问题。

如果我对某种情形一无所知，那它对我来说会是什么样子的？

哪些假设、期望和结论在我眼里是理所当然的？如果我把这些统统抛弃，会怎样？

在一个局外人眼中，我的生活会是什么样子的？如果这人来自不同星球、不同国家，甚至不同历史时期呢？

更年轻或更年长的我，又会是什么样的？

当我对一个问题的回答包含术语或特殊称号时，我真的理解这些词语的含义吗？

这里面有什么有趣的东西吗？

可以换一种方式表示吗？

要多玩！

这是费曼的建议。体会新鲜感，摒弃先入为主的偏见，将是本书反复讨论的一个话题。这种“童稚之心”可不只是一个比喻而已，从许多方面而言，孩子确实是天生的“学习能手”，他们的大脑就是这样设计的。可悲的是，随着年龄增长，我们失去了简单的感知力、好奇心和让自己快乐的技巧。有时，我们被教导，学习无关“新鲜事”，而是绕着陈腐的、落满灰尘的、已被尝试过的东西打转。

当孩子们按照自己的方式行事时，他们不会强迫自己选修一门安排好的课程，也不会把无聊透顶、一板一眼的所谓“学校”当回事儿——这种“学校”早就与生活中的其他部分分割开了。相反，他们会玩，不停地玩。在玩耍中，孩子们对自己所处的世界有了更多理解。

费曼当年在美国康奈尔大学工作，据说，他正是通过观察自助餐厅里的学生如何旋转盘子，才想出一个点子，并因此获得了诺贝尔物理学奖。找到一个物理问题的答案，就像在自助餐厅里转盘子一样平凡，贪玩的好奇心多么强大啊！

> 现在，物理让我有点儿厌烦了，但我以前很喜欢。为什么喜欢？我过去是在“玩”物理，想做什么，就做什么——至于这对核物理学的发展重不重要，根本无所谓，我只关心这有没有趣，我是不是觉得很好玩儿。
>
> 上高中时，我看到从水龙头里流出来的水柱越来越窄，于是我想自己能不能弄清是什么决定了这条曲线。后来我发现，这事没那么难。但我不必把它弄清楚，这对科学的未来也不重要，并

且其他人已经做到了，我的研究横竖没什么影响。我完全从自己的兴趣出发，搞发明，摆弄东西。

于是，我有了一种新的态度。既然感到疲惫，好像再也做不成任何事了，那不如在大学里谋一个好职位，开心地教教书。就像我喜欢读《一千零一夜》一样，我可以随时随地“玩”物理，不必考虑这重要不重要。

有一周时间，我在自助餐厅里都能看到有个家伙一边闲逛，一边把盘子扔到空中。我注意到，当盘子被抛升到空中时，它就会摆动，而盘子上康奈尔大学的红色校徽会旋转。很明显，校徽的旋转速度比摆动的速度快。

我当时无事可做，于是开始研究盘子的旋转运动。我发现，当角度非常小时，校徽的旋转速度是摆动速度的两倍。然后我想：“有没有什么方法能让我通过考察力和运动，从更基本的角度来看这个问题？”

我不记得我是怎么做到的，但我最终弄清楚

了质点是如何运动的，以及所有加速度是如何平衡的……我仍然记得，我去找汉斯·贝特（Hans Bethe）说："嘿，汉斯，我注意到一件有意思的事儿。你看，盘子是这样转的，而速度是二比一的原因是……"然后，我向他展示了加速度的情况。

他说："费曼啊，这很有意思，但这有什么重要的吗？你为什么弄这个？"

我说："哈！没什么重要的。我这么做，只是为了好玩儿。"

后来，让我获得诺贝尔奖的那些图表和全部成果，都从摆弄摇晃的盘子而来。

”

放松、白日梦、创造力、快乐，这些都不是开展严肃的智力活动的障碍，相反，它们是严肃的智力活动的重要组成部分。你的大脑天生对世界充满好奇，好奇心和玩耍是它生存和进化的核心要素。到底是谁说的，生存，一定是一件无聊而艰难的事？我们是从哪里听说的，只有当努力工作时，生活才是真正的生活，而玩要、快乐和好奇只是一种“娱乐”，没有多大意义？

在进一步讨论之前，有一点需要说明白：费曼提出的“严肃游戏”的看法并不是指成天懒洋洋的，什么都不动脑子想，坐等着大馅饼落在自己头上。无论何时何地，我们当然需要深入研究、付出努力、克服挑战，来提高自身的能力。费曼认为，要找到一种平衡：努力，不行就先放放手，然后重新发奋。

不行就先放放手，
然后重新发奋。

想象一下如何锻炼出强健的肌肉。想让肌肉更强健，努力锻炼虽然至关重要，但休息也很重要，或者，让身体自发地做一些自我感觉良好的事（比如跳舞）也可以。我们中有不少人雄心勃勃，或被灌输了“只工作，不玩耍”的思想，这类人会发现，自己很难“放手”。相信自己能更主动、更放松、更快乐，这需要一些练习。

肯定有人会对费曼“要多玩”的建议持怀疑态度，并想问：“这和堕落成一个懒虫有什么区别？”其实，你不妨从以下几点理解。

首先，严肃的游戏需要知识储备。费曼能想到观察盘子的旋转方式和角度的确很厉害，但别忘了，费曼预先储备了大量的专业知识，因此，在面对“盘子为什么会这样旋转”的问题时，他就能用已掌握的技能来寻找答案。也许，假如费曼是一名音乐家，那他会利用音乐方面的知识来探索旋转的意义。

游戏很重要，但并不意味着工具、概念、观点、理论和技能不重要，这些东西也非常值得用来填充你的智力库。当你有一个紧迫的问题，或者确实对一件事感到好奇时，你可以拿出这些东西并使用它们——如果你已经很习惯于使用它们，那就更好了！

毕加索曾经常被指责不是一个真正的画家，他的某些名画似乎没有任何艺术天赋或绘画技巧的普通人也画得出来。然而，如果你见过他的一些早期画作，你就会发现，这位现代艺术家在打破传统的绘画规则之前其实已经熟练掌握了这些规则——事实上，毕加索是一位能力超强、成就极高的画家。费曼也一样，他必须精通自己领域的惯例，然后才能质疑某些惯例，做出自己的贡献。

其次，严肃的游戏需要专注力。休息是有意义的。音乐家巴赫被灵感击中，往往不是在他工作的时候，而是在他走到户外，漫步在大自然中，精神放松下来的时候。然而，严肃的游戏不等同于放松。人们在玩这种游戏时并不会分心或精神涣散，相反，它让人深深地专注于一项任务。

观察玩耍时的孩子，你就会看到这种专注力。孩子们似乎有着无限的精力、耐心和专注力，全部放在自己关注的事情上。换成是你做自己感兴趣的事，你也会这样全神贯注。不要指望你凭着三心二意的态度，在每周只花几分钟去做的事情上能有什么惊天动地的见解，或者能实现什么范式的转变。拿费曼来说，物理学几乎是他生命中的一切——即便在物理学的世界里，他也只能专注于自己最感兴趣的领域。假如他将自己的精力同时用于许多不同领域，那他不太可能取得如此大的成就。

最后，严肃的游戏也是有目的的。消磨时间，或纯粹无目的的娱乐，与严肃的游戏是不一样的。尽管严肃的游戏也不计较成果，充满了好奇心，能带给人快乐，但它有着明确的目的。游戏不是乱来的。费曼想弄明白为什么盘子会那样转，在解决这个问题的时候，他就好像参加了一场比赛，但这绝对是一场费曼全力试图取胜并解开谜题的比赛。我们也要试着以同样的方式变得有目的性。拥有一点儿“健康”的执着心态，也是一种强大。

严肃的游戏，
也需要知识储备、
专注力和明确的目的。

意想不到的倦怠消除法

当然了，大多数人并不想颠覆自己当下的工作或学习范式，也没想过搞一个大发明，或取得突破性成就，最终成为青史留名的“改革者”——如果你能做到，那简直太棒了！然而，践行“要多玩”的理念，掌握费曼提出的严肃游戏的“玩法”，不仅是为了拥有创造力或解决问题。费曼曾描述自己如何找回孩童般的兴奋感和好奇心，从而打破了工作中日益增长的无聊和沉闷。也就是说，只有再次充满好奇心地全身心投入游戏中时，他才能打破常规，取得真正的进步。（顺便说一句，那八成不是在办公室里，而是在自助餐厅里休息时实现的。）

毫不夸张地说，近几年，全球经历了种种磨难，大家多少感到身心俱疲。无论是企业家还是上班族，都可能经历过或正在经历精疲力竭、缺乏活力的状态。费曼“只是为了好玩儿”，就在自助餐厅里摆弄盘子，玩着玩着居然能成就自己最伟大的贡献之一，这并非巧合。他能够超越自己以往的极限，是因为他允许自己玩耍。

如果你累了，没有动力了，甚至感到无聊，也许是时候认真玩一下，为自己的世界注入一些生机了。你需要一个新鲜的视角，需要对某些事情产生真正的兴奋感和好奇心，来为自己注入能量。如果你真能痴迷于解决一个问题，并乐在其中，那么你就能立刻发现一个能量源，获得其他任何激励措施都无法给予的力量。当其他科学家问费曼他到底在做什么，或者这样做有什么意义时，费曼才不理会，因为他受到了内在的驱使：因为这很好玩儿。

试着再次在工作中玩耍。怎么玩都可以，随你决定。随着零零碎碎的观察，提出问题，即使是“没用”的问题也行。创造性游戏能缓解压力，让你变得更有“韧劲”，帮你更长时间地集中注意力。有太多人过于重视“努力”的价值，却低估了自己的能量、兴奋感和快乐的意义。

就算你不是物理学天才，你也可以这么做，比如以下几个例子，也许就是你的经历。

- 你正在学弹钢琴，但缺乏动力，觉得很无聊。所以，你决定每周确保有几次在未经刻意安排的情况下坐到钢琴前，只做自己想做的事——不是练习老师布置给你的曲子，或是完成一连串的音阶练习，只是为了弹奏乐器。在手指落下之前，你并不知道自己会弹什么。无论是什么引起了你的兴趣，追随那种快乐、兴奋的感觉就行。也许，一开始你会感觉有点儿尴尬，但你会渐渐发现，自己可以爱上这种体验，而且，玩的时间最终总是比你想象的要长！
- 你试着写一部小说，但不断遇到瓶颈，一拖再拖。于是你决定用一个疯狂的创想游戏来开启一次写作计划。无论你有什么感受，写下角色之间的疯狂对话，比如把他们想象成一对欢喜冤家。用秒表计时五分钟，看看你在不假思索地持续写作时会得到什么。或者，你可以故意写一部非常糟糕的小说，只是因为有趣，或只是想尝试一下。

- 你是一名护士，但觉得工作既累又没有太多回报。你几乎要放弃了，失去了你曾经认定的“人生使命”，而且为此感到非常悲伤。这时，你卸下所有压力，辞掉工作，开始在养老院担任志愿者。钱很紧，你仍然需要思考下一步要做什么。但慢慢地，你更能按照自己的方式工作，于是，你重新看到最初让自己爱上护理工作的原因。你的能量再次储满，想起了自己的职责，找回了激情。等到申请新工作的时候，你的心态已经完全变了。你发现，你接纳了一个与从前自认为想追求的完全不同的角色。

倦怠是一个复杂的状况，职场也是复杂的——并非所有人都想争取机会休息、恢复和玩耍。尽管如此，假如你感到自己的工作变得乏味无聊、缺乏灵感，别担心，至少有一种能量和动力源泉可供你利用，那就是好奇心带来的乐趣。玩耍会教你如何找到这种乐趣，并重新焕发活力。

工作中的倦怠感，
可以通过玩耍和休息消除。

用科学方法看世界

学会用科学方法，以科学家的眼光“看”世界，需要你：

- 冷静地重新审视你自认为已经知道的一切；
- 以孩子玩耍、取乐和好奇的心态，审视你观察的事物。

这两条与其说是方法，不如说是心态。然而，当拥有“好心态”成为自然而然的事情时，你就会不由自主地找到一种好方法，来处理学习、理解和创造上的问题。事实上，好奇心和开放思想都是人类最好的发明，也是科学方法的摇篮。

说到科学方法，首先要清楚的是，它并不是“科学”本身。它是一种途径，构建了我们的思维，构建了我们观察、搜集数据、做出预测、生成理论、借助理性和经验逐步接近真相与开悟的具体方法。

有一次，物理学家布赖恩·考克斯（Brian Cox）向英国曼彻斯特大学的学生介绍黑洞，其间，他向学生们展示了费曼在20世纪60年代的一段演讲视频。考克斯在介绍这段视频时表示，这是他所见过的关于科学精神和科学方法的最好解释。在视频里，费曼用不到一分钟轻松地呈现了问题的关键。

现在我要讨论一下该如何寻找新定律。一般来说，可以通过以下步骤进行。

首先，是猜测。

然后，计算猜测的结果，我们要看一看这个猜测的定律是否正确，它意味着什么。接着，我们将计算结果与自然现象进行比较，与实验结果或经验比较，或者直接与观察结果比较，看看它是否有效。

如果新定律与自然现象（或实验结果等）不一致，那它就是错误的。这个简单的陈述就是科学的关键。

无论你的猜测有多漂亮，无论猜测者姓甚名谁或有多聪明，都没有用。……只要新定律与自然现象不一致，那它就是错误的。

就是这样，没别的。

”

你大概能理解为什么费曼被视为极具魅力的老师和沟通者了。让我们看看他对科学方法的解释。

第 1 步：想寻找新的定律，首先要猜测。

第 2 步：计算猜测结果。

第 3 步：将计算结果与自然现象进行比较。

第 4 步：如果结果与自然现象不一致，那么这个猜测就是错误的。

第 5 步：重复上述步骤（可选）。

可见，科学方法不过如此，并不复杂——以多种不同的方式观察并猜测现实真相，并且加以验证。如果我们的观察不支持我们的猜测，我们就可以断定猜测不正确。如果我们对现实的猜测与我们（比如在实验中）观察到的结果相符，那么，我们就有理由相信自己的猜测是成立的。然后，我们可以继续提出问题、观察、设计方法来检验下一步的猜测。

用更正式的术语来说，费曼所说的“猜测”是一种假设。假设一般基于我们已知的或观察到的东西，如果其中存在明显的“缺口”，就需要用假设来“填补”；假设也可以仅仅是好奇心的产物。很多科学研究工作，其实就是一场寻找相关且原创的假设的游戏。对外行人来说，反倒不必受这样的限制，你可以问任何喜欢的问题——提出假设，只是向现实提问的一种方式。

想象一下，现实好比一个能摇出答案的摇号机。假设这个摇号机对你提出的任何问题只会给出三种可能的回答：“是”“否”“再试一次”。如果回答是“再试一次”，那么意味着几种可能：要么是你的问题表述不正确，要么是提问过程出现了错误，要么就是……呃，就是需要再试一次而已。你的假设可能是正确的，可能是错误的，可能两者皆是，也可能都不是。

当你向这个伟大的通用摇号机提问时，你不能问“为什么有人没有死于一种能杀死所有人的病毒”或者“什么药物可以治愈感染这种病毒的人”，摇号机只会告诉你，某个猜测是正确的、错误的还是未定的。所以，你可以问：“感染这种病毒却幸存下来的人的血清胆红素水平是否比那些没能幸存下来的人更高？”

“提问”可以换成实验的形式。你可以设计一项实验，将实验对象分为三组：死于感染该病毒的人、感染该病毒但未死亡的人，以及未感染该病毒的人。然后，查看这三组人的血液检查结果，尤其是他们各自的血清胆红素水平。也许，有成千上万的人需要检查，因此，你不妨使用数据统计的方法来得出结果。当把所有的调查结果都放在一起时，你会发现一个规律：感染病毒但未死亡的人，其血清胆红素水平确实比其他群体更高。

本质上，这个实验结果就如同摇号机回答“是，猜测得非常对”，但这并不意味着我们彻底证明了一件事，故事到此结束。这只意味着，我们发现了一些证据，能支持自己的猜测。谈到假设时，科学家总会就自己的假设提出一些问题，以便反证它们。比如，他们会提出一个观点——“血清胆红素有抵抗病毒的作用”，然后用一项实验观察这个猜测是否与现实中的实际情况相符。他们要么最终证明这个猜想是错的，要么找到初步的证据，证明猜测可能是对的。

所以说，我们其实是在尝试判断一个假设（猜测）的真伪。换句话说，我们通过排除绝不可能是“真的”的事件，来提高自己对世界的认识，而我们的目标是一步步接近真相：从推测开始，再将推测放到现实世界中检验，看看它的表现如何；然后，根据检验结果进行下一个实验，也许下一个推测会比上一个更“聪明”一些。

当然，真正的实验科学不但要遵循严格的规定，而且有自己的逻辑规则，使整个过程形式化。科学家的一系列活动都可以被视为“观察”，理论科学和应用科学之间、不同类型的“观察”之间都存在差异，比如，社会科学与医学的观察方法就大不一样。而且，利用数学、统计学、软件等各种工具和技术拓展认知的方法也大不相同。但最终，一切都归结为费曼的基本秘诀：做出猜测，观察现实情况，比较两者，整理结果并重复步骤。

还要记住一件重要的事：科学方法中没有“自我”。费曼确实谈到了这一点。如果我们的猜测并没有按照原本想象的方式成功地解释现实，这也不是问题。我们没有犯错，这并不意味着我们是错误的、愚蠢的。做出“错误”的猜测就是在做科学，就像做出“正确”的猜测一样。它们都让我们更接近真相，因此都有价值。同样，假如说一个猜测是对的，那是因为它就是如此，而不是因为它是由聪明人做出的，猜对的人之前也未必一直都是对的。况且，仍然存在猜测可能是对的，但我们就是不喜欢它的情况，反之亦然。

真正的科学家提出问题的原因只有一个：想知道答案！他们不会为了证实一件自己已经确信为真的事情而提出一个问题，也不是在寻找“证据”来固守自己的怀疑。他们的首要职责是寻求真相和正确的东西。如果为了达到目的需要猜错几十次，那就认了吧。

如果人类果真以这种方式做科研，你会经常看到，在定期发表的科研结果中，假设被观察和实验不断证伪、抛弃。然而事实上，学术出版物中的论文的水平高得令人难以置信，研究人员的猜测总是恰好正确。2005年，美国斯坦福大学医学院教授约翰·约安尼季斯（John Ioannidis）认为，医学期刊上发表的大多数论文很可能是“假阳性”（也就是在没有证据的地方居然找到了证据），其结果是无法重复的。

研究人员检验假设，以及用统计学处理结果的某些方式可能意味着，他们往往会得到自己最想要的回应，即得到支持自己假设的结果。在学术界，一些备受瞩目且回报丰厚的研究领域面临着必须产出知识内容的巨大压力。而“大规模可重复性危机”（great replication crisis）恰恰表明，当人们为证实自己想相信的事一味寻求证据，而不再直截了当地问什么才是真相时，会发生什么。

可疑的实验操作，大学中“要么发文，要么走人”的氛围，以及对统计数据的普遍滥用，都是费曼认为的真正的科学研究的绊脚石。但是，有些原则并不是不合理的。在小范围内，我们作为不完美的人类，总要面临屈服于自身盲点、偏差、成见和“宠物理论”[①]的风险。我们会创造自己喜欢的东西，并顺势将之命名为“真相”，这时，我们难免会说服自己真的得到了真相。

让我们跳出学术圈和科研领域，考虑一个日常生活中的例子。

假设你的汽车出了故障，而你对汽车不太了解，只知道汽车一直在发出奇怪的噪声。有一天，仪表盘上的一盏指示灯亮了，那是一个奇怪的圆圈和一个叹号，你不知道那代表什么。你只好查看汽车使用手册来了解这

---

① pet theory，指虽然没有被广泛接受或证实，却被个人或某个群体偏爱或信奉的理论。——译者注

盏指示灯的含义：它代表“刹车灯”。但这是什么意思？你只能假设：刹车灯坏了。你该怎么检验这个假设？你可以下车，用自己的眼睛观察。但你发现一个奇怪的现象：汽车两侧的刹车灯似乎都在正常工作。好吧，是时候提出一个新的假设了：是仪表盘的刹车指示灯坏了！你又该如何验证这一点呢？而且，你该如何确定这种现象是否与你之前听到的噪声有关？

第二天，你注意到两个现象：指示灯熄灭，噪声停止。这确实为“指示灯亮起与噪声有关”的猜测提供了证据，但你还没有证实这一点。你不是机械师，但可以进行一项简单“实验”，比如，观察这两个现象是否总是同时出现。每当这两个现象同时出现时，你就会得到更多证明“确实不对劲”的证据，并且这种“不对劲”和上述两个现象有关。直到有一天，在指示灯没有亮起的情况下，噪声也出现了，这时，你会推断两者实际上可能是独立的现象……

有时，科学方法的精神就简单地体现为，我们有能力阻止自己说：“这做不到。”我们应该积极地问：“这能做到吗？该怎么做呢？”更好的问题是：“现在我正在做什么？”“我观察到了什么？”“为什么会发生这种情况？”有科学头脑的人会持有一种实验态度，他们不会简单地发表声明，然后就这样置之不理。他们会经常想“如果我……会发生什么”，并坚持到底。如果说，一些事情就是没有答案，保持神秘，甚至不为人知，他们不会耸耸肩就这么算了，也不会选择一个自己最喜欢的“答案”，然后固执己见。他们会对自己说：“让我来找找看。”

这些试错的例子和逻辑常识似乎太简单明了，但事实是，我们无法以任何其他方式真正获得知识，真正理解真相。对于五种感官无法感知的事物也一样。在认知行为疗法（cognitive behavioral therapy，CBT）中，咨询师经常建议人们检验自己对现实的见解，而不是假设自己对事件的下意识解释总是正确的。如果有人在公交车上对你皱眉，你可能会立刻得出结论：我是个怪人，我不可爱，每个人都是这么看我的。然而，你完全可以从最基本的假设推出一种可能的解释：这个人不高兴是出于其他原因，与我毫无关系。

但是，你不一定非要依赖这种信心。你也可以在下次乘坐公交车时，检验自己“不可爱”的假设。你观察到的现象与你的猜测相符吗？换句话说，是否你遇到的每个人都对你皱眉，或表现得好像不喜欢你？如果人们只关心自己的事情，而对你的存在保持中立态度，那么你可以放心地得出结论：你最初的假设完全错误。记住费曼说过的话：“无论你的猜测有多漂亮，无论猜测者姓甚名谁或有多聪明，都没有用。……只要新定律与自然现象不一致，那它就是错误的。”

也就是说，无论你的假设在感觉上有多么正确，或者你的猜测看起来有多么符合你既有的世界观（在这个世界观中，可能你坚信自己不够可爱），这都不重要。无论你希望自己的猜测有多么正确，如果它与现实不相符，那么你对现实的猜测就是错的，仅此而已。

猜测，
计算猜测结果，
将结果与现实比较，
两者一致吗？

第二章

科学家的想法，到底哪里不一样

以最大胆、最原始的方式努力学习自己最感兴趣的东西。

——理查德·费曼

内在动机与外在动机

费曼反复强调的其实是一种融合的“心态”，其中包括：

1. 能够真正以崭新的、不带成见的方式感知世界；

2. 以玩耍的、开放的、快乐的好奇心面对未知；

3. 乐于猜测，并根据现实世界的实验结果来检验自己的猜测。

费曼是一位物理学家，但让他成为科学家的并不是他的思维内容，而是他的思维特点。我们也可以用同样的心态在生活中获取任何知识。物理学是古代先贤思想的“后裔”，最早的研究者是古代哲学家、医生和博物学家。尽管随着时间的推移，人们的研究内容发生了改变，但探究精神（如果做得正确的话）始终不变。

我们该如何像科学家一样生活？

今天，影响全球经济发展的大型企业仿佛表明，科学等于商业，商业等于技术：市场上出现了越来越多的科技富翁，他们正在打造全新的英雄传奇，他们的创新力和智慧正在为人类铺平道路。

但是，费曼可能会强烈反对这一点。费曼曾经被问到，他是否认为自己在物理学方面的成就值得荣获诺贝尔奖，他的回答可能会让许多人感到惊讶。

> “我不这么认为。我对诺贝尔奖一无所知，不明白它到底是什么，有什么价值。但如果瑞典皇家科学院认定张三或李四可以拿奖，那就这样吧。我和诺贝尔奖没什么关系……这是个麻烦……[笑]我不喜欢荣誉。我对自己所做的工作感到自豪，我也注意到其他物理学家采纳了我的成果。我不需要别的了。我觉得，其他任何事情都没什

么意义。瑞典皇家科学院的什么人认为一项成果有资格获得“诺贝尔奖”，我不觉得这有什么意义。反正我已经拿到奖了，奖励是发现的乐趣、探索的兴奋感，以及看到别人使用我的发现的满足感。这些都是实在的东西，而荣誉对我来说是不真实的。”

这段回答说明了什么？很明显，费曼所做的一切不是为了赢得荣誉，不是为了出名，甚至不是为了赚钱。他这样做既不是为了给别人留下深刻印象，也不是为了满足深层次的心理需求，更不是为了证明自己，或炫耀自己的聪明才智。事实上，我们可以感觉到，费曼觉得像诺贝尔奖这样的东西与他作为一名科学家的目标是背道而驰的。那么，如果世间赋予科学成就的最大荣誉之一对他来说都无关紧要，那他为什么要做这些事呢？答案就是：他有自己的内在动机。

内在动机是一个人发自内心想去做一件事的真实愿望，它与外在动机形成鲜明对比。外在动机源于旁人或环境；内在动机来自我们自己对重要和有意义的事情的判断，以及我们自主定义做事方法并确定目标所带来的满足感。外在动机也可以让一个人做到高效，但这种动力可能来自赞扬、奖励、名誉、公众认可、家庭压力、文化期望、金钱诱惑……尽管具有内在动机的人也会享受赞扬，并在帮助或激励他人时发现更多价值，但他们做事情的主要原因只来自自己。

如果你想知道自己的一种行为出于什么样的动机，那么，你可以问问自己是什么促使你阅读这本书，或者，是什么促使你选择从事当前的某个项目——你为什么这样做？请你停下来认真思考一下，诚实作答。

你对本书探讨的话题真的有兴趣吗？你读到这里，是因为想了解更多，并且纯粹出于兴趣吗？还是因为你猜它可能会以某种方式改善你的生活，帮你赚更多钱或成为一个更讨人喜欢的人？你是否希望增强自己的智慧和对生活的掌控感？你想在学习和工作中更有把握吗？

一些人看到一本科普书的封面上印着闪闪发光的几

个大字——“量子物理”，就会把这本书买回家，部分原因可能是，他们喜欢瞥到这本书时的感觉：这本书让人感受到智慧、重要性和自信心。他们喜欢“我也是个聪明人”的感觉，喜欢自己站在智慧、理性和正确一方的感觉。旁人在看到他们手中这本书时可能会惊讶道：“哇，你在读这本书吗？看上去好复杂。”这会带给他们一种“努力”的快感。

然而，当真的坐下来读这本书时，他们可能连第二章都看不完就放弃了。他们读这本书的乐趣完全来自旁人给予的认可和评价，以及一种踏上艰难但十分值得且令人钦佩的探索之路的使命感。但是，当他们真的开始执行这项使命时，却没有足够的内在动机来推动他们。

于是，你会发现一件特别讽刺的事，获得物理学大奖的科学家对奖项不感兴趣；但不难想象，总会有一些名不见经传的人出于外在原因启动了一个类似的宏伟项目，但恰恰因为这个外在原因，最终未能实现目标。

话说回来，外在激励不总是坏事。有人也会因为各种“错误”的动机取得惊人的成就：他们讨厌被挑战和未知击败的感觉，而且对此执念很深；他们觉得，自己总有些东西要向众人证明；他们对一个问题十分着迷，在找到答案之前，会一直被这个问题困扰。然而，无论如何，内在动机都是取得真正成就的更可靠、更持久、更强大的“燃料源”，即使“成就”压根儿不是内在动机的目标。

例如，如果你并非真正对学习编写代码感兴趣，那就不要因为你认为这样做会让自己更好、更有成就而强迫自己。虚荣心和自负感可能会给你足够的能量来开始，然而一旦这种能量消失，你就会突然失去动力。你不仅无法享受学习的过程，而且还要与那些有内在动机的人竞争，在完成同样的任务时，他们总是显得比你更有活力、更有韧劲、更有创造力。因此，你要对自己诚实，面对现实，了解什么才能真正激励自己。

费曼研究物理学，是因为他心向往之，物理学给了他快乐、目标和意义。他擅长做这件事，这也符合他的能力和性情。不难想象，即使费曼生活在一个没有设立任何物理学奖项的世界，或者一个物理学对其他人来说没什么价值的世界，他还是会研究物理学，因为他仍然会以同样的方式——在内在动机的驱动下——从工作中获得意义和价值。

对自己诚实，
面对现实，
了解什么才能真正激励自己。

在生活中调用内在动机

第 1 步：诚实评估自己的动机。

眼下，你有什么目标？你为什么选择它们？为什么有些活动被设置为你生活中的优先项？

假如你报名参加了一个写生课程。问问自己为什么这么做。以前，你的动机或许有些模糊不明，现在，不妨停下来，并尝试用语言来描述它。你会发现一些事，比如：你最近有点儿无聊，想要找点儿挑战；你一直觉得自己挺有艺术天赋的，但因为从未发挥出来而感到惋惜，你想知道现在是否是时候试试看了；你单纯觉得，这个想法令人兴奋；或者，一个朋友刚刚报了名，而你不知为何冒出一个念头："不要错过。"

仔细观察一番后，你会发现，这个目标八成是在外在激励因素的驱动下制定的。如果因"生活缺少创意"而产生的自责感逐渐消失，或者你的朋友突然不再参加写生课了，你或许就会意识到，自己实际上对画画没那么感兴趣。因此，你决定放弃写生课，将金钱和时间投入自己真正感兴趣的事情。这个决定会引导你进入下一步。

第 2 步：寻找真正的热情。

在这个世界上，寻找对你来说真正有意义、有价值的东西——哪怕没有人认为它很重要，哪怕你得不到回报（或者要为此付出一定代价），哪怕别人看不见你在该领域取得的一切成果，你也会被它吸引。

许多人认为自己缺乏热情，但更有可能的是，他们被强加以那些外在的其他目标和价值太久了，以至于忘记了曾经吸引自己的东西到底是什么。有些人可能一生都在说服自己放弃那些“不切实际”或“不值得追求”的目标和想法，因为他们没法凭此挣到钱或赢得他人的认可。有些人觉得自己缺乏必要的才能，因此搁置了内心真正的愿望。其实，这源于一种观念：只有确信自己会在一件事上表现出色，才会去做——又是外在动机在起作用！有人可能会说：“我一直很喜欢芭蕾舞，但我身材不好，年纪也大了——我永远学不会跳舞，所以根本没有必要开始。”你放弃了探索某一条路的热情和好奇心，转而从事自认为应该做的其他事情，但这最终并不一定能令你满意。

摸索什么才是真正令自己感兴趣的事，有一个好方法：尝试回忆小时候，也就是在外部因素不断介入并告诉你什么可能、什么不可能之前，是什么激发了你的想象力？你喜欢什么形式的游戏？你纯粹出于快乐，自发地做了什么？现在，请再次思索这些问题。不要相信有人注定缺乏这种热情——迸发热情和好奇心，是每个人与生俱来的权利。记住，你不是要问自己擅长什么，什么可以让自己赚到钱，或什么给别人留下深刻印象。你只是寻找在这天地间，那些让自己一直以来十分着迷的小角落。

你可能会发现，最吸引你的是那些能以某种方式实现更大利益的事。比如，为比自身利益更重要的目标做出贡献，会带来极大的激励和力量。世界各地的科学家在工作时常常深切地感受到，他们的努力无论在此刻显得多么微不足道，都在某种程度上为人类的进步做出了巨大贡献。他们的工作背后有着强大的精神支柱，他们每天早上起床的理由超越了日常的各种烦恼。实际上，即使是那些看似受金钱驱动的人，也可能在工作中有更强烈的愿望——也许是希望为孩子创造资产，或者为他人创造并守护有价值的东西。

时常践行上述这两个步骤，询问自己的动机是什么，并用它与所有可能的动机交叉参考，你就拥有了将外在动机转化为内在动机的机会。如果你在去除做一件事的外在激励因素后，发现自己根本不在乎它了，这可能是一个强烈的信号，表明这件事并不能真正激发你更深层的热情。生命对每个人来说都只有一次，为什么不把它献给你最关心的、在你看来最重要的事情呢？在这条道路上，你会不由自主地变得更高效，实现更多成长，更具有韧劲，但这些对你来说不过是快乐的“副产品”罢了，因为你将获得更深刻、更持久的满足感。

十二个问题一起上

你注意过小孩子是怎样没完没了地问“为什么”的吗？《如何提出一个好问题》（*A More Beautiful Question*）一书的作者沃伦·贝格尔（Warren Berger）称，孩子在两岁到五岁平均会问四万个不同的问题——三年间，他们平均每天都会冒出超过 36 个新问题！想感受他们的问题量到底有多大，你不妨问问自己今天到目前为止问了多少问题——你问过一个吗？

成年人并不是因为变得更聪明，能弄懂更多事，才停止问问题的。世界也没有变得不再神秘，只是他们不再那么好奇了。

费曼无疑是一个聪明人，但他真正的天才之处或许在于，他是一位乐学者（philomath），也就是一个热爱学习的人。今天的文化对“天才”的理解存在一种落后观念。在大众媒体的描述中，天才单纯是一个“万事通”，能轻松而傲慢地解决困扰他人的问题，但这与事实相去甚远。“聪明人”遇到的问题并不比我们其他人少——其实更多！

天才并不是什么都想得通的人，而是能积极享受问题的人。他们生活在一长串持续的问题中，不断地提问并寻求答案。天才不会对问题反感，也不会只想着尽快将其解决。相反，天才会觉得问题很有意思。他们抓住这些问题，在脑海中归档，并不断地拿出来回味——这些根本不是问题，而是珍贵的奥秘，可以用一生来消化和吸收。

在美国麻省理工学院的一次演讲中，数学家吉安-卡洛·罗塔（Gian-Carlo Rota）转述了费曼的一个方法：

> “我是这样解决问题的：我会身揣十二个有趣的问题和十二个无关问题的有趣解答，最终，我会在它们之间寻找联系。你必须将自己最喜欢的

十二个问题持续留在脑海中，尽管大体上，它们会处于休眠状态。

每当听说一个新技巧或新结果时，你可以针对这十二个问题中的任意一个进行测试，看看是否有帮助。这样一来，你每隔一段时间就可能引发一次轰动，而别人会说："他是怎么做到的？他一定是个天才！"

尝试寻找联系。一个问题暂时找不到答案，并不意味着不值得稍后再问，到那时，你可能会知道更多。有人能发现全新、复杂的解决方案，恰恰是因为他们能综合看待一系列想法，而此前，没人想到要把它们联系起来。

斯蒂芬·金（Stephen King）在他广受喜爱的《写作这回事》（*On Writing*）一书中谈到了自己如何找到创作小说的新灵感："这些都是我每天在洗澡、开车、散步时想到的，最终我把它们变成了书。当你看到一切如何相互联系时，你就会灵光一现。"但是，仿佛只有在无意识地思考时，你才会看到这种联系。

把一大串问题留在脑海中持续思考，
就算在睡觉时也一样。

好奇心引擎

普利策奖得主、历史学家戴维·哈克特·费希尔（David Hackett Fischer）曾说："问题是智慧的'引擎'——将好奇心转为可控的探究的脑力机器。"

所以，一切从正确提问开始。

问题会帮你制造一个心灵棱镜，折射并拆解出一条条新信息，集中并调整你的注意力，让你在学习过程中更活跃，并进行自我反馈——毕竟，问题是一个"引擎"，一旦启动，谁知道它会带你去哪里。

积极、愉快地与其他人进行思想互动，了解他们创造的东西，培养自己的注意力和分析能力，把好奇心而不是责任或无聊的旧习惯作为生活的驱动力，你就会了解模式、找到问题的答案——有时，这些方法不仅能帮你找到解决方案，还能让你学会提出更广博、更聪明的问题，新的可能性就这样展现在你眼前。

问题清单是一个应对挑战的工具，能帮你减轻压力，增强掌控感和安全感。

当然，寻找和发展这些问题是一生的工作，不可能用一个下午完成。但你不妨先在自己的世界里刻意开辟一个安静的空间，在那里，你可以沉思和反思。大脑需要时间和空间来工作——定期花点儿时间，不受干扰地思考，就是给自己的一份礼物。

你也许喜欢冥想，不过，在日记本上或笔记软件中记下自己的想法也非常有用。你可以用下面这些问题来指导自己探究（当然，如果你可以自主提问，那就更好了）。

- 小时候，你最感兴趣、最着迷的事情是什么？（别忘了，你当年还问过四万个问题呢，这些问题是关于什么的？）
- 你最喜欢学习哪些课程和概念？
- 什么事让你感兴趣，但也带来不少挑战？
- 什么东西让你着迷，但你还没有完全掌握？

- 你钦佩谁？为什么？
- 你现在面临的最大挑战是什么？（不仅在工作或学习上，而是在更广的范围内。）
- 你注意到自己有哪些习惯？在生活中，你注意到哪两个领域是相互联系的？
- 在社会中，你一直觉得奇怪的事情是什么？在自然领域中呢？在探求“事物本来面貌”的方面呢？你能基于这些奇怪的事提出一些紧要的问题吗？
- 如果你与一个睿智且无所不知的“人”共进晚餐，并可以向其提出任何问题，你会问什么？

请记住，提出这些问题并不是纯粹为了得到“正确答案”。问题都是探究性的。你需要注意的是，哪些探究途径真的能让自己兴奋起来，然后，你可以一直遵循这些途径。当你不断提出问题时，不妨试着通过下页的形式细化问题，来完善自己的探究过程。

我怎么才能……？

什么是……？

X 和 Y 之间有什么联系？

为什么会发生 X？

如果……会发生什么……？

Y 是什么意思？

是什么造成了……？

总的来说，你要将相对较广泛的各类问题缩小为更具体的问题。“关键在哪里”这个问题（可能你已经猜到了）是一个过于宽泛的问题，但它肯定会产生许多更有针对性的问题，例如：“为什么我每天都以这种特定方式工作？”

费曼对棘手的物理学问题感兴趣，那你呢？你对什么感兴趣？它可能是一个实际问题，例如如何提高工作绩效或提高利润；它可能与你的个人生活和人际关系有关，涉及更微妙的心理问题；你最感兴趣的也可能是重要的哲学问题，关于真理、意义、知识或伦理……你的问题可能处于同一件事的两端：一端是“我想做什么样的工作”，另一端是“如何才能更好地胜任当前的角色”。无论怎样，问题都会帮助你更接近真相。

一旦确定了自己的问题（十二个左右就行），你就可以简明扼要地把它们写下来，还可以将这份问题清单放在自己每天都能看到的地方。你会惊讶于这个简单的行为开始改变自己的认知。你可能会突然注意到，到处都是有趣的线索，或者会遇到和你想法相同的人。当好奇心来临时，你会“引爆”一大串事件，走向意想不到的有趣的地方。你会问更多问题，探索以前被忽略的路径。实际上，这些做法很可能会像避雷针一样，把你最感兴趣的东西汇聚在一起。

有一天，当你读一本感兴趣的书，比如一本神经病学发展史的书时，发现其中讲述了关于脑、神经等的科学理论是如何随时间推移而演化的。在书中，作者还简要介绍了筋膜及其在人体中的作用。你以前从未听说过筋膜，但它听起来很有趣，所以你决定深入挖掘一下。你找到一系列关于这个主题引人入胜的讲座视频，开始观看。这时，你会通过其他几个问题从视频中拆解出新的问题——这些问题早就在你的问题清单中，主要是关于慢性疼痛、本体感觉（身体在空间中感知方向的能力）和各类炎症的。那么，这些问题之间会有联系吗？

不如直接这样问：患有慢性疼痛的人的筋膜有没有不对劲儿的地方？于是，你开始努力寻找答案，查阅各种文献，了解相关研究成果，一步步慢慢积累。在一篇论文中，你发现了一个关于中世纪医疗实践的有趣故事，而你以前从未听说过。你把它记在了心里——五年后，你仍然记着这个故事，也许它会帮你理解一系列此前没想过要问的问题。

回到筋膜的问题上。你把文献读了又读，对结缔组织如何修复创伤产生了兴趣。很快，你又对构成筋膜的物质的化学键和分子结构产生了兴趣，并想知道：到底是哪些物理性质和机械性质赋予了筋膜种种特质？筋膜是如何附着在身体其他部位上的？在分子水平上到底发生了什么？很快，你了解了透明质酸的分子结构——为此，你还需要更新一点儿化学知识。

继续前进吧。表面上看，你从一个话题转到了另一个话题。但在“表面”之下，你的潜意识正忙于将所有信息组合成一个连贯的整体。有一天，当你外出散步时，你看到孩子们在玩一种能伸展和收缩的彩色塑料球。在互联网上搜索一番后，你了解到这个玩具被称为霍伯曼球（Hoberman sphere），它有着活动的剪刀状关节，能变化出不同的结构，而这些结构在完整地保持连接的同时，还可以大幅伸展和收缩。问题来了：筋膜细胞是这样工作的吗？这对于相关神经意味着什么？这会引起慢性疼痛吗？

这些问题打开了一个充满可能性的世界。你了解到，肌肉可以进行所谓的“等速”运动，但对于细胞外基质和结缔组织来说呢？你不断寻找几何学和生理学之间的联系——你说不出为什么，但就是怀疑它们是有联系的，你的大脑一直告诉你：要四处寻找，直到找到答案。

这远远超出了单纯提问和解答的范畴。你本可以直接问理疗师：“筋膜有缺陷会导致慢性疼痛吗？”他们可能回答“会”或“不会”，但答案远不止于此。提问和解答是一整套迭代过程——你提出的问题会影响你接触和关注的数据类型，反过来，数据类型又会影响你提出的问题类型。在某种程度上，这一过程本身就是一种科学方法。你不断提出问题，观察，调整研究模式，再次提出问题，看看发生了什么变化，等等。

用十二个问题构建『好奇心引擎』，
帮你应对挑战、减轻压力、
增强掌控感和安全感。

科学与魔法

从基础物理学的角度来看，最有趣的现象当然要出现在新的地方，也就是那些规则不起作用的地方，而不是规则起作用的地方！这就是我们发现新规则的方式。

——理查德·费曼

在开启新话题之前，我们先停下来想想：用问题构建“好奇心引擎”的过程，会不会造成违反直觉的结果？尽管科学家常被视为人类“清醒”和“理性”的顶峰，但事实是，世界上最杰出的头脑都有着强烈的直觉，而这些直觉并不会妨害他们的研究，反而会滋养、支持他们的思考。

比如，艾萨克·牛顿是虔诚的英国圣公会教徒，也是一名炼金术士。他认为，自己的研究一直深受神秘学的影响；他坚信，超自然力量统治着自己试图理解的宇宙。尽管人们不太重视牛顿科研生涯的这一方面，但牛顿对占星术、命理学和神秘主义的重视程度与他对数学的重视程度一样——其实，他甚至认为它们同属于一个更大的学科。

早在费曼获得诺贝尔奖之前，法国生理学家夏尔·里歇（Charles Richet）就因在过敏反应方面的研究获得了诺贝尔奖，但在里歇感兴趣的问题清单上，有不少关于心灵现象和人类如何体验对即将发生的事情的“预感”的问题。玛丽·居里（Marie Curie）的丈夫、物理学家皮埃尔·居里（Pierre Curie）曾对“灵媒”很着迷。19 世纪的德国化学家奥古斯特·克库勒（August Kekulé）说，他曾梦见一条蛇在吃自己的尾巴，继而才在可视化苯结构的研究上取得了突破。杰克·帕森斯（Jack Parsons）是美国国家航空航天局（NASA）喷气推进实验室（JPL）的创始人之一，他发明了一种固体火箭燃料，但居然也声称自己曾召唤过魔鬼。

我举这些例子，可不是说这些稀奇古怪的“旁门左道”是对的。科学家也是人，有时他们提出一些问题，但得到的答案是否定的。于是，有人在对真理的渴望中建立了奇怪、错误、落后的联想——这不难理解。但值得注意的是，潜意识通常以非线性的方式将各种想法组合在一起，这种方式更类似艺术创作，或者类似卡尔·荣格（Carl Jung）提出的共时性（synchronicity）[①],而不是实验室中进行的“真正的科学”。灵感、顿悟——“啊哈！”的魔幻时刻可能来自意想不到的地方，而科学家对这种灵感来源一直持开放态度，即使他们一开始可能不太理解它。

有时候，科学问题恰恰被那些坚持研究看似“不寻常”“荒谬”“超自然”现象的人解决了。毕竟，在当今已解决的科学问题中，有多少曾经或多或少被视为“魔

① 也称同步性，指的是几个同时发生或短期内接连发生的事件之间没有明确的因果关系，但貌似隐藏着有意义的关联。荣格将这个概念解释为人类心理状态与自然现象之间的“有意义的巧合”，而这些联系常取决于人的主观经验。但这种观点存在很大争议，难以证实。很多人认为，这不过是一种因果关系上的错觉。——译者注

法”？今天，理论物理学的某些前沿分支问题在大多数普通人眼中缺乏逻辑，甚至显得怪异而荒诞。换句话说，如果你希望学习一些真正的新东西，突破自己的认知极限，那就不要事先假设某些知识领域或认知方式一定是“不科学的”——如果你采用了正确的科学方法，并提出了一些有价值的、感兴趣的问题，那么你接下来很可能会发现这个世界突然变得十分陌生！

对荒诞、不寻常、
无法解释的事保持好奇。

费曼笔记本法

想象一下，费曼的问题清单中有哪些问题？或许会有下面这些问题。

1. 如何计算一块铀过早爆炸的概率？

2. 如何在大脑中准确地把握时间？

3. 如何仅用简单的基础设备来设计大规模计算系统？

4. 怎样才能完美地手写出汉字？

5. 光、无线电、磁和电的统一原理是什么？

6. 如何在打鼓时，稳定敲出双手复节奏？

7. 教授入门级的物理学概念，最有效的方法是什么？

8. 可制造的最小工作机器有多大？

9. 如何完成与受激原子的光发射相关的计算？

10. 造成“挑战者号”灾难的根本原因是什么？

11. 如何利用核物理学的成果来促进和平，而不是引发战争？

12. 在诺贝尔奖带来的盛誉之下，怎样才能回归重要的研究工作？

这些都是非常有趣的问题。但说不定费曼可能列出了一些更简单、平凡的问题，比如“‘圣地亚哥’指的到底是哪个国家的城市？”“为什么厕所里总有一些噪声？”

为了积极参与学习过程，提高自己的理解力，费曼有一个笔记本，列出了自己不甚了解的主题。他相信，白纸黑字地用自己的话来记录想法，有助于提高清晰度、明确方向、深化记忆。这样的笔记本主要具备组织功能，将许多松散的线索联系在一起。它是已取得成就的存储库，也是仍在考察中的事物的集合，并展现所有问题之间是如何联系的。

詹姆斯·格雷克（James Gleick）所著的《费曼传：天才的人生与思想世界》一书中有这样的描述：

> 在准备他 [费曼] 的口头资格考试时（这是每个学生都要经历的环节），他选择不研究已知的物理学大纲。相反，他走到麻省理工学院，在那里他可以独处，并打开一个新的笔记本。他在笔记本的封面写下："记录我不知道的东西。"这是他第一次但不是最后一次开始组织自己的知识。他用了几个星期拆解了物理学的分支领域，分析不同的领域，再把它们组合到一起，寻找比较粗糙的前沿领域和相互不一致的领域。他尝试找出每个主题的核心关键问题。他完成这项工作的时候，就记满了一本令人自豪的笔记。事实证明，这不是用来准备考试的笔记。

"费曼笔记本法"最大的好处就是，你其实是借此向自己解释这些内容，这就好像你在向另一个与自己相似的学生教授这些问题。费曼被誉为模范沟通者，这可能是因为，他首先非常善于向自己传达自己的想法。你越能清楚、彻底地向自己阐明一个想法，就越能理解它，就越容易与他人分享自己的理解（我们将在第四章和第五章中深入探讨这个主题）。

将心理活动转化为“看得到”的具体事物，这背后蕴藏着一种极大的力量。这样的笔记本将成为学习的象征，同时，这也是一种跟踪、监控学习的方式，在你感到漫无目的或面临挑战时，不断激励你自己。这就好比你在写一本书，你写得越多，就越有动力继续写下去，投入更多的精力和努力。

当我们还是孩子的时候，会在学校按照自己的方式学习别人给我们预先制定的课程。作为成年人，学习者在很大程度上必须自我驱动，而我们必须学习的一件重要的事情就是如何管理、组织和激励自己的学习。十二个问题的清单不失为一种激发兴趣、点燃热情的好方法。但在某些时候，你还得“火上浇油”，让它持续燃烧。

不难想象，你的自学历程会在好奇和快乐的美妙感受与严谨和深入的具体工作之间摇摆。你带着好奇心提出开放式的问题，接下来就会陷入真正的工作中，试着去理解那些不理解的知识，掌握对你来说很困难的事物。然后，你可以放松下来，稍微后退一步，让潜意识自行工作——很快，你又充满了灵感和好奇心，整个过程重新启动了。"不断地学习，"费曼说，"很快你就会学到一些以前没人学过的东西。"

到底该如何记这样的笔记？这取决于你自己。笔记本是为了帮助你实现目的，所以，笔记如何呈现在很大程度上取决于你的目的是什么。但无论如何，你要做的是尽可能花时间、花精力认真对待你的探究过程。如果你自发提出一个问题，那就将其写下来。然后，要给自己足够的时间思考，写下答案或任何可能引出答案的"线索"。如果遇到问题，也请记下来。建议大量使用项目符号、思维导图和图表来简化、连接和解释各种观点。自己教自己，就是一种学习。

一些理论物理学家习惯坐下来，拿着笔和纸，逐字逐句地研究一个问题，自言自语地大声说："好，为什么我在这一步遇到了困难呢？好吧，我放慢一点儿，从上往下看。我做了什么假设？嗯，这三件事我不知道。没错。暂停一下，在继续之前，我能否对其中至少一件事了解得更多一点儿？……糟糕，同样的麻烦又来了。我怎样才能找出原因？不如试试那个方法，如果还不起作用，那就……"他们会放慢速度，走完所有人都必须经历的心理过程，以获得更深入的洞见和理解；他们不会认为一切都是理所当然的，并会记下所有事。

你也许希望留出一些余地，反思一下自己的学习过程本身：什么有帮助？什么没帮助？在笔记本上组织、归纳自己的想法，让它们更系统化，这不是为购买新文具找借口——实际上，这是在心里安排和组织自己的论点，为实验和理论做准备。对不起作用的事要保持警惕，这可是个重要的技能。你是否经常发现，自己无法用语言明确表达某个特定想法？费曼会说，这证明你并没有真正理解它。但也有可能，你正在做一些未经检验的假设——那可太好了，说明这个方法奏效了。请专注于这些假设，你会情不自禁地持续学习。

以下是一些具体的方法，可以供你参考。

- 建立自己的术语表。每当遇到不知含义的词时，可以先查找词义和用法示例，然后用自己的语言在术语表中写下自己的定义。有时，一个新词会不断引出其他新词。
- 建立自己的符号或颜色系统。这能让材料的组织方式一目了然。例如，有不确定性或挑战性的地方，可以用红色标注或用虚线画出；或者，养成在页边空白处画一条竖线来标记特别重要的内容的习惯。无论怎么做，符号或颜色的用法要保持一致。
- 习惯做摘要。在每次思考或学习结束时，尝试将此次思考或学习内容浓缩在一段话、一张图像或图表中，明确因果关系。做到什么程度呢？如果有人在街上拦住你，询问你进展到了什么地步，你可以立刻只用简单的几句话告诉他。如果你觉得做不到，那就继续关注那些看起来仍然不清楚的地方。

- 偶尔合上书，试着回忆一下读过或写过的内容。这不仅能增强记忆，还能迫使你的大脑直接记忆。盲点会更加明显。你总是忘记或忽略什么？为什么？莫非是有理解不到位的地方？专注于此。
- 做好准备。在深入研究新事物之前，停下来问自己几个问题，这样，你在阅读时就会更积极地面对它们，并给大脑一个过滤、解释和整理的机会。在接受任何新材料之前，先明确自己的需求：谁创造了它？为什么？你为什么读它？它如何融入你已有的知识结构？阅读时，请在页边空白处记下问题和提示，甚至记下反驳的话，就好像你真的在对文本说话一样。
- 让学习个性化。复制针对其他问题的、他人的漂亮笔记风格是没用的。你的笔记本只能适合你自己，应该反映你的学习过程，而不是别人的。你应该使用对自己有意义的技巧、符号系统、图像和组织原则。有时，最好的方法是从头设计笔记——没有其他更适合你的方法了。

- 不要灰心。如果你对大量材料感到不知所措，对如何组织材料感到困惑，对材料的难度感到沮丧，不要灰心。学习是件难事。即使是聪明的人也必须驱使自己度过沮丧、困惑和疲劳的时期。如果一件事很容易理解的话，你早就理解了，对吧？不要以任务的难度作为你不尝试它的理由。继续问问题："我现在不明白什么？怎样才能用另一种方式重新表述？谁能用我能理解的方式教教我？哪里可以找到例子？"

『费曼笔记本法』
最大的好处就是，
你可以借此向自己解释问题，
就像你在教授其他人，
一个和自己很像的学生。

第三章

去芜存菁

第一原则就是，你不能欺骗自己——你其实是最容易被自己骗的人。

——理查德·费曼

对知识的谦虚态度与苏格拉底法则

对大师和某个领域的专家大加颂扬，是人类的一种本性。对名厨、知名运动员或商业大亨等，大众的态度也一样。其中有些人的专业知识范围或许很狭窄，人们却认为，他们的才智能扩展到所有领域。当这些人在政治、医学等跟自己专业无关的领域发表言论时，人们很可能会给予更高权重，但实际上也许没这个必要。

头脑聪明，拥有专业知识并因此受到认可，甚至因此闻名于世，这是优势也是劣势。所谓专业知识悖论（paradox of expertise），指的是一个人对某一特定领域了解得越多，其感知范围可能就越窄，探索新的可能、找到新的解决方案或发觉自身错误的可能性或许就越小。

迪安·基思·西蒙顿（Dean Keith Simonton）在2000年主导了一项研究，他使用"领域相关经验"的七种衡量标准，对59位古典作曲家的900多部歌剧进行了分析。研究发现，一部歌剧成功与否确实与作曲家掌握多少专业知识有关，但当作曲家拥有的专业知识过多时，其歌剧作品似乎会因此受到负面影响。

西蒙顿和他的同事们得出的结论是，阻碍成功的并不是知识本身，而是人们达到一定专业程度时，就产生了"功能固着"（functional fixedness）的倾向，令他们对新的、意料之外的、真正有开创性的东西视而不见——更不用说自己犯下的错误了。

换句话说，学习新东西的一个巨大障碍在于，人们顽固地认为自己已经了解它了。越是专家，发生这种情况的风险就越大。心理学家菲利普·E.泰特洛克（Philip E. Tetlock）曾收集了284名政治家和经济学家的预测，这些人在各自的研究领域平均拥有12年的经验，其中一些人甚至能接触到机密。然而到最后，大约四分之一的专家号称"保证发生"的预测从未发生过，而在他们从未认为可能的结果中，有 15% 确实发生了。事实上，一个人的专业知识越多，其预测可能越容易发生错误。泰特洛克推断，非专家说不定更容易成功，因为他们能看到新事物，整合表面上相互矛盾的想法，打破惯例，寻找解决方案。

这是为什么？有些专家在面对自己的错误时的反应可能是一条线索：他们固执己见，坚称自己是对的。换句话说，他们没有从错误中吸取教训，调整结论，也没有保持开放的心态去了解更多。专业知识反而让他们变得不那么聪明、不那么谦虚，也不那么好奇了。

做一个“谦虚的天才”

爱因斯坦坚称，自己对宇宙如何运作知之甚少。费曼说：“我生来一无所知，而且只有一点点时间来对此东修西补。”苏格拉底也说：“我唯一知道的就是我一无所知。”

这当然不是真的——这些天才这么说，不过是因为他们都很谦虚，说话谨慎，不自吹自擂。但这些话展现了一种非凡的观点：在某个问题上，你永远不会成为真正的“专家”并知道一切。这些人的谦逊态度是真诚的，因此，他们才能够不断前进、学习更多。

在深入了解周边世界的旅程中，我们会面临很多风险，就让我们诚实地面对自己，从一个最大的风险开始——虚荣心。

人们对知识的傲慢态度，表现得很简单。你一开始希望学习和理解一件事，是因为你“想知道”。然而，如果抓住你所“理解”的第一块碎片，就对自己说“我已经搞定了”，并舍弃好奇心和谦虚的态度，这就不对了。假如你没有在学习的过程中留下任何怀疑的余地，那你也就没有学习的余地了。假如你觉得自己知道这一切，那你就不会再问问题了，很快，你就会发现世界不再提供新信息。有一件事是绕不过去的：如果你想学习，就要不断承认，有些事自己还不知道。

你也许听说过费曼在个人生活中的短处：好色、喜欢捉弄人、自大……但当他谈到物理学研究工作时，就会展现出谦逊的态度，这也许是他取得不同寻常的成就的原因之一。费曼能做到在专业领域如此专业，是因为他拒绝故步自封，拒绝沉湎于自己的专家角色。

聪明并不能抵御一切。事实上，它可能让你更容易受到自我欺骗的伤害——一个人为自己编造的谎言和理由可能非常复杂。世上有一些才华横溢的人在情感上不成熟，缺乏安全感，或者被卷入文化、政治或心理斗争，严重模糊了自己的感知。

如果你生活的世界认为犯错是可耻的，失败者总会受到严厉惩罚，而胜利者几乎被视为“神”，那么你就会有足够的动力去进行一切必要的心理锻炼，确保自己不会犯错——其实，这基本上意味着你永远不会承认犯错！

如今，媒体在评价一些受欢迎的科学家时，经常只是将他们在智力上的努力简单地看作对生活方式的选择，但生活方式的选择往往与意识形态和文化方面的附加因素有关，并且必然与流行热点、营销意图的关系更紧密。在一个崇尚科学却大多仅流于表面的时代，当我们提出一个关于事实真相的问题时，我们应当比以往任何时候都牢记我们实际上在做什么，并真诚地试着回答问题。

我们需要弄清如何学习和理解，不要让“自我”扰乱我们的努力——尽力去理解，而不是扮演一个“无敌”的理解者。这就回到了内在动机上：我们想知道，仅此而已。其他一切，比如自我感觉在智力上优于他人，在争论中永远做“对”的一方，赚大钱，消除恐惧感，等等，都应该排在第二位。

一切理解都只是暂时的。永远从头开始，不轻信任何假设。不要自以为知道一切，也不要认为你面前的人——无论是谁——不可能知道你不知道的事。新信息随时可能到来，对这一事实保持开放态度。犯错没有关系——这不是一场竞争。勇敢地承认你的“宠物理论”是什么，并准备好在出现更有价值的理论时放弃它们。对待自己要既公平又严格：得出某个结论，是因为我喜欢这种“解决问题”的感觉，还是的确有证据指明了这个方向？我希望什么是真实的？这种期许如何影响了我的感知？

最后，如果不知道，那就要有足够的勇气说“不知道”。我们对生活的理解是一个渐进的过程，大胆承认认知上的局限性，不知道就说不知道，没什么可怕的，总比虚张声势、不懂装懂好得多。

一切理解都只是暂时的。
永远从头开始，
不轻信任何假设。

与无知做朋友

知道自己一无所知，是一个很好的起点。每一次苏格拉底式对话就是这么开始的——从无到有，然后看看可以一步步构建什么。如果我们想理性地理解一件事，就要规划一条真诚的路线，而不是一开始就从自己最想要的结局出发，或仅因为有些东西是自己的倾向和偏好，就认定它们是对的。

问问自己：我知道什么？

小心，你"知道"的东西很快就会蒙住你的双眼，让你看不到任何能挑战这种偏见的新事物。假设你从某个前提入手，并在一开始时说"显然 X 是这种情况，所以这意味着……"，那么请立即停下来，仔细审视你在心里采取的思考步骤。X 果真如此吗？你为什么这么认为？许多人觉得自己思想开放，但从未做到改变自己的信念和想法——很奇怪，不是吗？

除非你能纠正自己预先存在的信念，否则你就不是真正在学习，当然也不是在做科学研究，你只是四处探查，精确地找出那些符合自己最初结论的信息。你可能会很开心，因为世界很容易就能提供足够的你正在寻求的证据！比如，算法就会为你提供你最喜欢的数据。你会感到自信、舒适，你的观点得到了“证实”，但你恐怕不会成为更接近真相的人。

费曼说，你是最容易被自己骗的人，一旦你情愿对自己撒谎，那么其他人就很难了解其中的问题，恐怕也不会太关心，于是就没人费心费力来说服你了。

当认真审视自己已知的事情时，你应该着重审视那些你认为绝对已被解决或证实的部分。也许你是对的；也许，你只是因为当下结论符合自己的心意，而懒得再想。为什么不让自己拥有的每一个信念都“靠得住”呢？

我们不妨把自己定位为初学者，而不是专家——寻找并享受无知的感觉，而不是“万事通”的确定感。更常说“不知道”而不是“知道”，那将是积极学习和成长的起点。

为了区分“杂草”和“精华”，区分知识与智慧的真假，可以遵循以下方法。

- 在研究有争议或悬而未决的主题时，从“正反双方”选材料。不要阅读乙方关于甲方立场的解释，反之亦然。更好的做法是，寻找完全中立的观点。如果让自己陷入“稻草人谬误”[1]，那你只是在自我伤害。一个好习惯是有意识地使用搜索引擎，有意识地搜索与自己立场相反的优质信息，挑战自己，真正考虑别人的论点。
- 你能想到一些过去你觉得“已知”但最终被证明完全错误的事情吗？下次，当你对某件事感到非常确定时，试着提醒自己这一点。有信念

① 辩论者通过偷换概念甚至歪曲对方论点的方式打击对方，让自己显得更有道理。这么做既不能解决问题，也不会反映事实真相，完全是为了竖起一个“稻草人”（straw man），即一个更容易攻击、更容易驳倒的虚假的对立面，来削弱对手，取得表面胜利。——译者注

固然很好，但不要抱得太紧，你永远不知道五年、十年后，事情会是什么样子。

- 和与自己截然不同的人交谈。他们肯定知道一些你不知道的东西——是的，他们多少都会知道一些——你能找出那是什么吗？爱因斯坦和苏格拉底当然是好榜样，但如果我们谦虚并保持好奇心，普通人也能成为我们的老师。有时，通过别人的眼睛看世界，也能看到全新的可能性，发现自己的盲点。
- 别跟自己太较真。一点儿俏皮的自嘲，就能让“高傲的自我”融化，所以不妨时常跟自己开开玩笑。

小心，你『知道』的东西很快就会蒙住你的双眼，让你看不到任何能挑战这种偏见的新事物。

日常用语测试

好了，说了这么多不要欺骗自己，但是，假如是别人试图欺骗我们呢？比如，如何区分科学与伪科学？费曼有一个非常好的方法，但在我们正式讨论这个方法之前，不妨先看个例子。

有一篇标题为《超越界线：走向量子引力的超形式的解释学》（“Transgressing the Boundaries: Towards a Transformative Hermeneutics of Quantum Gravity”）的论文，开头如下。

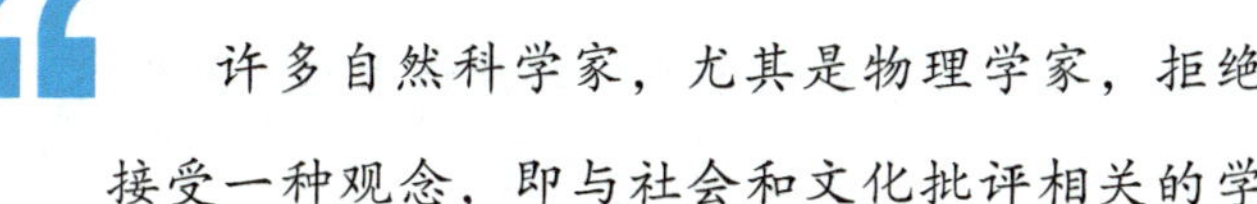

许多自然科学家，尤其是物理学家，拒绝接受一种观念，即与社会和文化批评相关的学

科对他们的研究没有太大贡献——可能一些表面贡献除外。他们更不愿意接受，他们的世界观基础必须根据这些批评加以修改或重建。相反，他们坚持启蒙运动后西方知识界长期强加给他们的教条，可以简单概括为以下几点：存在一个外部世界，其属性独立于任何人类个体，甚至独立于全人类；这些属性被编码在“永恒”的物理定律中；人类受到（所谓）科学方法所规定的“客观”程序和认识论的约束，来获得关于这些定律的可靠（尽管不完美且是尝试性的）知识。

但是，20 世纪科学界深刻的概念转变已经破坏了这种“笛卡儿 – 牛顿式”形而上学。科学史和科学哲学的修正主义研究，对其可信度提出了进一步质疑。最近，后结构主义的批评揭开了西方主流科学实践的神秘面纱，揭示了隐藏在“客观性”外表之下占统治地位的意识形态。因此，物理“现实”与社会“现实”一样，本质上都是一种社会和语言的建构，这一点越来越明显。科学“知识”远非客观的，而是反映并编码了产生它的文化中的主导意识形态和权力关系；科学所主张的真理，在本质上仍然依赖特定的理论和自我参照。因此，尽管科学界的话语具有不可否认的价值，但针对持不同意见者或边缘群体的反霸权主张，科学界也并不能在认识论上自恃优越地位。虽然这些主题的侧重点有所不同，但在以下观点中可以找到踪迹：阿罗诺维茨（Aronowitz）对量子力学诞生背后的文化基础和社会环境的深入分析，罗斯（Ross）对后量子科学中对立陈述的讨论，伊里加雷（Irigaray）和海尔斯（Hayles）对流体力学学界的性别偏见的讨论，以及哈丁（Harding）对自然科学特别是物理学背后的性别意识形态的全面批判。”

最后，论文得出结论：

“

最后，任何科学内容都深受其表述所使用的语言的限制。自伽利略以来，西方主流自然科学一直用数学语言来表述。但这是谁的数学？这个问题至关重要，因为正如阿罗诺维茨指出的：“无论是逻辑还是数学，都无法摆脱社会‘污染’……”

因此，如果不对数学进行规范、深刻的修正，科学解放就不可能完整。目前尚不存在这种被解放的数学，我们只能对其最终的内容加以猜测。我们可以在模糊系统理论的多维和非线性逻辑中看到它的影子，但这种方法仍然因其起源于资本主义晚期的生产关系危机而受到影响。突变论凭借其强调平滑/不连续性和变形/展开的辩证观点，无疑将在未来的数学中发挥重要作用。但在这种方法成为先进实践的工具之前，仍有大量的理论工作需要完成。最后，混沌理论将为我们提供针对无处不在而又神秘的非线性现象的深刻见解，它将是未来所有数学的核心。然而，这些

“未来数学”的图景仍只能是模糊的微光：在“科学之树”的三个年轻分支旁边，将会出现新的树干和分支——一套全新的理论框架。对此，我们在当前思想的束缚下，甚至无法想象。”

看着挺有道理的，对吧？首先看看这些科学术语，更别提文后还有两百多条貌似非常严肃的参考文献了。你在浏览上述文字后，可能会得出结论：关于某些东西，一些专业的理论物理学家正在做一些非常高深、复杂的工作。这确实是一篇论文，而且在 1994 年被某期刊接受并发表。但问题是，它毫无意义——整篇论文不过是艾伦·索卡尔（Alan Sokal）为了阐述伪科学有多么危险而制造的一场恶作剧。作为货真价实的美国纽约大学物理学教授，索卡尔想测试一下这本期刊的学术操守，同时指出后现代话术是如何破坏真正的科学探索道路的。

现在，我们可以聊聊如何利用费曼的方法从索卡尔编造的这篇废话中辨别真伪。费曼认为，外行人很容易被貌似聪明而科学的术语弄糊涂，并误入歧途。比如，有些人擅长使用科学的语言，好让自己的表述听起来很深刻，但事实上没有任何意义。

费曼曾在 1966 年美国国家科学教师协会的会议上做过一次演讲，对这种表达方式提出了异议。费曼不主张非科学家用自己的语言来处理听上去很“科学”的见解，相反，这种见解应该被“翻译”成日常用语。这将使提出主张的人关注自己所讲内容的潜在逻辑，而不是掩盖惊人却空洞的语言背后的种种漏洞。

费曼举了一个最基本的例子：“一本小学一年级的科学课本……如何以一种糟糕的方式教授科学”，它先展示了一张“发条机械狗”的图片，然后展示一张真正的狗的照片和一张摩托车的照片。“是什么让它运动？”每个学生都被问了一遍。费曼说，答案就在这本教材的教师版中：“是能量让它运动。”但很少有学生对“能量”这个词有深入的了解。而给出这个答案并不能证明学生真正理解了能量是什么，以及它的原理是什么。

我终于找到了一种方法，能测出你是教了一个想法，还是只教了一个定义。测试方法是这样的，你应该说：“不用你刚刚学会的新单词，试着用你自己的语言重新表述你刚刚学过的东西。不要用‘能量’这个词，告诉我，你现在对狗的运动有什么了解？”如果学生做不到，那就说明关于科学他们什么也没学到。这样也许没问题，他们可能不想马上学习科学知识，而是需要学习定义。可是，第一堂课就这样上，不会有害吗？

我认为，在第一堂课上学习答题的神秘程式是非常糟糕的。书里还有其他表述：“重力使其掉落”“鞋底会因摩擦而磨损”。鞋底会磨损是因为它与路面蹭来蹭去，人行道上凹凸不平的地方会扯下鞋底上的小碎片。把原因简单说成是摩擦，就太可惜了，这不是科学。

费曼说，书后的答案无论是“是上帝让它动起来的”还是“是运动能力让它动起来的”，都没什么用。一堂好的科学课应该让学生思考表面定义之外的东西，并明确指出那是什么。

既然在语言层面上存在如此多的误解和错误思维，我们不妨对这种测试方法稍作修改，来帮助自己辨别真科学与伪科学。方法是这样的：我们能用日常、简单的语言来解释这件事吗？如果不能，这恐怕是一个坏兆头。这说明，我们要么未能正确把握这些现象，要么过于依赖模糊而空洞的伪科学术语了。

无论遇到什么解释性表述，你都可以问问自己：能用通俗易懂的语言向普通人解释一遍，让大家大致理解吗？费曼能向一个五岁的孩子解释广义相对论，所以，不要觉得某个主题太复杂而无法简单地解释。如果你不能用日常用语来解释它，那说明有问题。

如果你想测试一下，确定自己是否真学到了什么东西，请尝试用自己的话说出你刚刚学到的东西，但不要用到刚刚学到的新词。就像一名小学生说出“能量”一词，无法证明他确实理解了所讨论的现象一样，如果你只是鹦鹉学舌地重复一路所学的听起来挺“科学”的词语，那你可能根本没有理解。

空洞的语言，科学的滥用

“行话”一般指特定领域中使用的术语。通常，外行人无法理解也不会使用某一个领域的行话。然而，科学术语却经常被使用，因为它能给原本缺乏可信度的东西披上一件可信的外衣。虽然某些科学术语在其领域内具有非常精确且实用的含义，但当被“移植”到其他领域时，这些词的意思就变得模糊不清了。

于是，科学被滥用了——科学的语言被用来包装不科学的内容。事实上，滥用术语可能非常危险，因为它会让人们对某个想法产生错误的理解，并导致更错误的结论。

比如“薛定谔的猫”，这是物理学家埃尔温·薛定谔创造的一个假想场景，来描述量子力学固有的悖论的荒谬性。这个思想实验是为了展示量子叠加的反直觉本质。简单地说，原子这样的东西能同时以不同状态的组合存在，而每个状态都会导致完全不同的结果。薛定谔创造了“薛定谔的猫”，用这一类比展示某些想法的荒谬之处，同时也简化了对这一复杂话题的讨论。这个思想实验迫使人们思考：“量子系统到底在什么时候能停止叠加状态，并变为其中一种状态？”

然而今天，对这一思想实验的误解比比皆是。不少人认为，这个故事意味着两件相反的事可能同时为真，或者，在决定什么才是现实的真实样貌时，人类观察者可能拥有最终的裁判权。有人说：“量子科学表明，我们生命中的每个时刻都存在许多可能的未来。每个未来都处于静止状态，直到被当下的选择唤醒。”也有人声称：“量子物理学告诉我们，观察到的一切都会受到观察者的影响。这个科学陈述蕴含着强大的洞察力。这意味着每个人都会看到不同的真相，因为每个人都在创造他们所看到的东西。”

你看出量子理论的成果如何被滥用了吗？当物理学家谈论亚原子粒子的行为时，外行人却认为他们谈论的是人类行为；当物理学家用一个假想的类比描述一个奇怪的悖论时，外行人会关注类比本身，而不是它所指向的内容，甚至认为该悖论是奇迹的证明。这些人得意地得出结论：人类的思想能决定现实，一切都是“共振”的，我们是一体的，只要想“实现”内心的愿望，我们就能实现“共振”——科学就是这么说的。就这样，科学语言被挪用或被拙劣地模仿，引发了“思想”的大混乱。

为了确保自己不会成为这种现象的牺牲品，我们只需注意以下几点。

- 能量、共振、自然、假设、量子、化学……这些科学术语能随便用吗？这些词的科学含义都是明确的、清晰的，被限定了使用范围。仔细观察，如果用这些词在诗意的语境下被用来以比喻的方式来描绘一幅图景，那么你看到的内容很可能就不是科学描述。

- 任何以“科学上说”或“根据科学”开头的文章，反而要警惕一下。你可能会读到，一些内容将科学定位为一种教条，而不是一种获取知识的方法。科学不会去“说”，也不会去“证明”什么。科学会逐渐建立证据来摒弃假设，没有任何一项研究能够永久、绝对地证明一件事。
- 人类从宗教、艺术、伦理道德、神秘主义、印象主义等各种角度接触现实，这倒没有错，但问题在于，它们是否冒充了科学。无论是试图为科学领域之外的事寻找科学证据，还是将什么东西与科学混为一谈，我们都要对此保持警惕。例如，将“频率”的概念与人类个性、情绪或思想这类概念联系起来，或者，假设“神经网络”会告诉我们人类大脑如何工作，且与个人的思维方式有某种联系。
- 使用日常用语测试。如果你不用模糊的术语就没法好好解释一件事，就说明这里可能有问题。当我们强行用科学术语来解释普通的人类心理或行为时，经常会发生术语滥用的情况，比如，用“能量”来描述情绪或态度等。要对过于模糊的陈述保持警惕。例如，“共振”或“场”指的是什么？“宇宙”实际上包含了什么？“同步”一词到底是什么意思？不借助某个术语本身，我们就不能定义它了吗？……嗯，这里有问题，如果你无法解释清楚一个术语，那可能是因为你没有完全理解它，所以不知道要解释什么。

- 有时候，一个东西成了伪科学，不是因为它的内容或语言表述，而是因为它的呈现方式。一项活动被称为调查、研究或逻辑论证，并不意味着它真是如此。同样，科学家不一定每次在提出主张时都会说正确或合乎逻辑的话。
- 经常核实某件事是否可证伪（即可通过科学探究合理地反驳）。这不是一个完美的方法，但假如确实没有可行的方法来检验一个见解，那么就谨慎地接受它吧。例如，有人说："只要有信念，就可以移山。"如果你指出，山并没有被移走，那有人可能会说："我猜，那是因为信念不足吧。"听着有些荒唐，但你也没有办法证明他说得不对。

科学术语能随便用吗？

警惕语言中的『假大空』。

“为什么”的力量

“为什么？”这个问题有多强大、多有价值，你可能早就知道了。但就像科学家“武器库”中的其他东西一样，想一想该如何利用这个问题也很重要（没错，你也得想想“为什么”要利用它）。在一次对费曼的采访中，采访者显然想要深入探究“探究”的本质和过程，向费曼提出这样一个问题：“如果你拿着两块磁铁，并推动它们，你可以感觉到它们之间的推力。然后，换一个方向，它们就猛地撞在了一起。这两块磁铁之间的感觉是什么？”

费曼立即反问：

“两块磁铁之间的感觉是什么”这个问题是什么意思？

你说“有一种感觉”，又是什么意思？当然了，你肯定感觉到了什么。现在你想知道什么？

费曼承认，两块磁铁在相互排斥，采访者又问这是为什么。费曼是这么言简意赅地回答的：

当然，这是一个很棒的问题。但问题是，当你问“为什么某事会发生”时，别人该如何回答？比如，明妮阿姨住院了。为什么？因为她在冰上滑倒，髋骨骨折了——这个回答令人满意。它可以满足我们，却无法满足来自另一个星球，而且不知道为什么当髋骨骨折时需要去医院的人。髋骨骨折后，如何去医院？嗯，她的丈夫看到她骨折了，于是给医院打电话，让人来接她。这一切都是人类能理解的。当你解释原因时，你的解释必须处于允许某些事为真的框架中，否则，有人就会不断地问为什么：她丈夫为什么给医院打电话？因为丈夫关心妻子的生命健康。但情况并非总是如此，有些丈夫在喝醉或生气时，就顾不上妻子的生命健康。

你开始对这个世界及其复杂性有了一个非常有趣的理解。只要你跟进任何一件事，你就会在这个方向上越来越深入。比如，如果你问："她为什么在冰上滑倒？"嗯，因为冰很滑。你当然可以适可而止："我很满意，问题得到了解答：冰很滑——这解释了原因。"但你也可以继续问："为什么冰很滑？"因为，（人们说）当你站在冰面上时，压力会暂时让冰融化一点点，所以会在短时间内出现一小块水面，让你在上面滑动。"为什么是在冰上而不是在其他东西上出现这种现象？"因为水在结冰时会膨胀，而压力会试图抵消膨胀，于是将冰融化。而其他物质凝结时则收缩，因此当你向它们施压时，它们能保持固体状态。

"为什么水在结冰时会膨胀，而其他物质不

会?”我不是在回答你的问题，而是在告诉你，提出“为什么”这个问题有多难。你必须知道什么是自己能理解的和能被人理解的，而什么是不能的。你会注意到，在这个例子中，我越问“为什么”，问题就越深入，也就越有趣。我们甚至可以进一步问:“为什么她脚下一滑就会摔倒呢?”这与重力有关，答案甚至涉及行星和一切物质——打住吧，问题可以一直持续下去。”

费曼和采访者继续讨论磁铁的问题。费曼解释道，“为什么它们会相互排斥”的答案取决于是谁提出的问题——他们知道什么，他们拥有什么样的理论框架，他们掌握了什么事实。费曼认为，提问者感到好奇的是磁铁的运动，而不是用手推椅子时，椅子会向后倒，手却没有穿过椅子这个现象；然而，恰恰是同样的力和作用原理，决定了磁铁、手和椅子的运动状态。

如果采访者不是物理学家，也不需要成为物理学家，那么费曼可以给出一个答案，指出存在磁或电的斥力或吸引力。提问者可能对回答感到满意，也可以继续问："磁铁为什么会相斥？"嗯，因为……（这里省略若干对斥力的解释）。问题解决了。但正如费曼在上述采访中所暗示的，这样的答案不能同时令所有人满意。假设在采访者生活的世界，某些想法和概念（如磁力）被视为自然界既定的且已解决的一部分，那么，他就会停止问"为什么"——反正世界就是这样的嘛。

当然，费曼总是在不断地问"为什么"。倒不是因为这类问题本身有什么魔法，而是因为它们能让我们继续深入了解我们当前给出的关于世界如何运转的"解释"，深入了解我们当下所建立的因果关系——这些关系实际上只是暂时的。"为什么"这类问题揭示了我们目前"满意"的答案，以及为了得到这些答案，我们做了哪些被视为真的假设。问题可以永远继续下去：我们为什么给出"那个"答案？

其实这并不是说，我们要不断地问为什么、为什么、为什么，甚至贸然超出能让我们更好地生活的一个可行模式的合理程度。没人指望在生活中每次打开一扇门或询问“时间是多少”时，都能深入挖掘现实的本质（什么是门？时间怎么可能有“多少”？它到底是什么？）。但是，“为什么”这类问题将以其他问题无法实现的方式来帮助我们。假如问“是谁”“是什么”“在何时”，我们就界定了探寻的界限；但在问“为什么”时，我们研究的是现象产生和相互作用的方式，并寻找对这些现象的解释。

这是维基百科英文版中“磁性”（magnetism）词条第一句话的翻译[①]：

> 磁性是以磁场为介质传导的一类物理属性，指的是实体之间产生吸引或排斥现象的能力。

这是一个相当不错的定义——正如费曼所说，你可能想先了解定义。这个定义能解释什么吗？在一遍又一遍地阅读上面这个句子后，问问自己“为什么”，然后你会发现这么一件事：“磁性就是当物体表现得像磁铁时

① 该词条第一句话现已略有变化。——编者注

的现象”，有点儿像在说“磁性就是磁性”。换个角度看，你能否不使用“磁铁”或其任何衍生词，重写这个定义？

世界各地的物理教师都爱用类比，例如“磁铁就像被橡皮筋连在一起了”，因为橡皮筋的伸缩现象是能被直观理解的，并能让大家联想到磁性。但费曼表示，这根本不是一种解释，因为学生可以合理地问：“为什么橡皮筋会相互拉扯呢？”如果你是一位非常糟的物理老师，你可能会回答：“因为它就像磁铁一样……”

当你在生活中用“为什么”来提问时，如何诠释别人给你的答案是个大学问。在什么时候，你会接受并满足于对问题的解答？小孩子可能会被告知，天空是蓝色的，因为天空就是这种颜色的东西。对孩子来说，这个答案可能够了。他们简单了解到，天空的“定义”中的一部分就是“它是个蓝色的东西”。但如果你想获得更深入的理解，就需要不断地问“为什么”。

在生活中运用“为什么”提问，是摆脱循环论证的一种好方法。看看下面的例子。

珍妮很受欢迎，因为人人都喜欢她。

遵纪守法是一件好事，因为破坏法律是违法行为。

瑞典是世界上一处宜居的地方，因为这个地方比很多地方都好。

你可能想知道，到底是什么让珍妮受欢迎？人们为什么喜欢她？当你问为什么某件事合法或不合法时，你也不是想听到“因为这就是法律”这样的答案——你想知道，为什么这是法律的规定？当有人说瑞典比其他地方更宜居时，你也会问“为什么”，而不会满足于“因为这是一个好的居住地”这种答案。

别忘了，你是世界上最容易被自己愚弄的人。当你确信自己找到了一种解释时，请试着问自己“为什么”。“我无法集中注意力，因为我有多动障碍。”这看起来像是一种解释，但事实可能并非如此，这就像在说：“我无法集中注意力，因为我无法集中注意力。”如果你想真正了解自己的大脑发生了什么，甚至想改进大脑的工作方式，你就要更深入地挖掘，想出更好的办法来！

这个答案让你很满意？
问一问『为什么』，
就不一定了。
答案背后的假设是真是假？
你是不是陷入了循环论证？

第四章

构建自己的“世界地图”

有一天，[我的高中物理老师巴德先生] 告诉我下课后留下来。“费曼，”他说，“你话太多，也太吵闹了。我知道为什么，你很无聊。我送你一本书吧，你坐到后面的角落里去好好读读，当你了解这本书里的所有内容时，你再张口说话。”

之后的每节物理课，我都不再关心帕斯卡定律是什么，或其他人在做什么。我就在教室后面看这本书——《高等微积分》，作者是 F. 伍兹（*Advanced Calculus*，F. Woods）。

巴德知道我跟着《实用者微积分》（*Calculus*

for the Practical Man）这本书学过一二，所以给了我一些真东西——他送我的这本书涵盖了大学初、高等课程内容，涉及傅里叶级数、贝塞尔函数、行列式、椭圆函数——都是我一无所知的奇妙东西。

这本书也展示了如何在积分符号下对参数进行微分——这是一种特别的运算方式。事实证明，大学里没教太多这方面内容。他们不强调这些。但我掌握了这种方法，而且一次次地使用这个奇妙的工具。所以说，我用那本书自学，结果学会了一种特殊的积分方法。

有时候，麻省理工学院或普林斯顿大学的人做积分碰到困难，那是因为他们没法用在学校学到的标准方法解决问题。如果碰到围道积分，他们还能处理；如果是一个简单的级数展开，他们也能应付。然后，我就走上前，试着在积分符号下进行微分，十拿九稳。在积分上的本事让我名声大振，这不过是因为我的工具箱与其他人的不同，而且他们在把问题交给我之前，把自己所有的工具都试遍了。

——理查德·费曼，《别逗了，费曼先生！》

如何创建自己的思维模型

科学家喜欢模型。模型是现实的地图——它呈现了世间万物“按比例”缩小的样子。比如，地图本身就是它所描述的地形的模型。地图与实际景观不同，地图上的东西已被大大简化，但当你身处真实景观当中时，地图确实能反映现实，帮你导航。你脑子里想象的原子的形象也不是原子真正的样子，而是尼尔斯·玻尔（Niels Bohr）发明的模型。计算机模拟的生物进化过程，以及经济学本身都是一种模型，某些物理现象的数学表示也是模型。

既定的科学理论依赖于众所周知的传统模型，而这些模型已成为文化的一部分。但费曼认为，我们每个人都可以拥有自己的思维模型，也就是自己的视角和观点。费曼在积分符号下进行微分的策略就是他的个人工具箱中的一种模型，而他的同侪的工具箱中却缺少这种模型。于是，费曼有时可以解决他们无法解决的问题。所以说，费曼并不是因为能更好地使用同一个工具，才成了天才，而是因为他拥有与众不同的工具。更妙的是，他知道何时以及如何切换工具，来更好地解决眼下的任务。这就是思维模型的力量，这也解释了为什么有意识地选择使用思维模型如此重要。

工具法则

亚伯拉罕·卡普兰（Abraham Kaplan）这样描述所谓“工具法则”：“给一个小男孩一把锤子，他会发现自己看到的一切都需要敲击。”这就像一句古老的谚语所说的那样：当你只有一把锤子时，所有问题看起来都像钉子。

其中的含义很明显：如果你只有一个看待世界的框架，那你会发现，你遇到的每一个问题都将以某种方式融入这个框架中；世界将会缩小，好适应你被限制的思想。正如费曼所说，如果你从来没有钻进某个思维框架中试一试，你可能永远不知道，某些问题在这个框架中看上去会是什么样子。

每个模型都是一种简化——它简化了现实，好让我们更轻松地应对。我们一天没有意识到自己所用的模型的局限性，它就一天不算一个问题。我们要始终清楚一个事实：我们优先使用的模型在本质上可能是有局限性的，如果另一种模型能更好地满足需求，我们总是可以放弃原有的模型。

还记得前面说过的专业知识悖论吗？对某个领域的专业知识掌握得越深入，我们就越有可能手拿一张“混乱”的领域地图，或者，贸然假设自己的工具箱可以解决遇到的每个问题。无论遇到什么问题，你都会用上这个工具箱，认知偏见让你始终记得它每次都有效，因此你的假设会更加根深蒂固。而当它不起作用时，你会得出结论：问题无法解决。比如说，你有一把锤子，你拿它到处敲打，有一天，你接受了一个挑战——实施心脏手术，结果你用锤子敲死了病人……你悲伤地得出结论："好吧，我无法拯救所有人，医学不是万能的。"

你错在哪里？你认为自己的模型等同于医学。问题在于，你没有一套不同的工具供自己使用。这里的"工具"并不意味着一个华丽的新应用程序、一个更新的理论或一台比你更能干的机器。"工具"或许还是那把锤子，只是，你变得非常擅长使用它。你要做的就是彻底超越这把锤子，而不仅仅是在字面上发明一个新工具。但首先，你要找到新工具背后的理论和哲学框架。

在以数学家约翰·纳什（John Nash）的生平故事为灵感的电影《美丽心灵》中，有这么一段情节：纳什正在演讲，而建筑工人却在教室外制造噪声。纳什关上了窗户，但学生们抱怨太热了。随后，一名学生起身打开窗户，礼貌地请工人们暂停施工，直到下课。于是纳什说："嗯，正如多元分析告诉你们的，任何给定问题都有多种解决方案。"

无论这部电影对这位数学天才的描述是否贴切，但对这个要点的阐释倒是很准确。一种看待问题的方法就是用数学家的眼光去想象它：窗户可以打开或关闭，每种可能性都对应不同的问题。但“非此即彼”的思维模型并不是我们能用的唯一模型。学生就找到了另一种可能性：不要将建筑工人的因素视为固定变量。

重要的是，优秀的数学家（纳什）的解决方案（关上窗户，教室变热），不一定是社交能力更强的人（学生）的解决方案（谈判与合作）。当人们放弃将“打开窗户就要忍受吵闹，关闭窗户就要忍受炎热”视为唯一可选的思维模型时，窗户应该打开还是关闭这一问题就得到了最令人满意的解决方案。

当你只有一把锤子时，
所有问题看起来都像钉子。
思维模型的力量在于，
它会告诉你如何选择合适的工具。

如何建立更好的思维模型

建立更好的思维模型，并不意味着要完善个人世界观，或达成令你满意的可行的生活哲学。事实上，这意味着学习如何利用自己的大脑作为主要思考工具，并不断提醒自己，最好的思考方式，其实就是让人能更好地理解想理解的对象的方式。许多人惊讶地发现，“生态系统”这一理念只是一个模型，并不是自然真正的运作方式。同样，我们在中学物理课上所学到的大多数东西只是模型而已，并不是实际发生的事情。为了培养出利用、建立更好的思维模型的能力，可以尝试下述方法。

● 接触各种想法

见多而识广，这是关键。在寻常的阅读清单以外，找一些其他材料来读。如果你只处理他人处理过的信息，那你最终得到的或许只能是一个与他人非常相似的思维模型。既要阅读自己所在领域内鲜为人知的材料，也要阅读其他领域的材料。尝试扩大你自认为所在领域的深度和广度。如果你正在学习科学，不妨同时阅读科学史和科学哲学，看看自己感兴趣的主题与文化领域或其他学科如何交叉，以及它如何随着时间推移演变。

● 始终保持连接

大脑是一个模式发现器。每当你学到新东西时，问问大脑：新知识该如何融入已有的意义网络？寻找连接和联系——不过，不要强行连接！转换视角，通过其他专家的视角来看待同一个问题——他们看到了什么？哪些是你以前没有注意到的？聪明人总能以这种方式将想法交叉引用，你也可以教自己这样做。现实世界可不是学校，每个“科目”都被分割成整齐、独立的大块——

一切都在同时发生。

培养元认知

养成审视自己想法的习惯。针对自己所提出的问题再提出问题。想想费曼对磁铁问题的回答，他不是仅在所提出的问题的层面上谈论磁铁，而是指出了人们看待磁铁问题的不同方式，以及他们评估这些方式的可能方式。提问本身就是加深理解的方法。如果你能以这种方式进行反思，你将能在思维框架之外、之上、之下进行思考，也能在框架周围思考，甚至能彻底抛弃框架思考，这样，你就不会变成一个完全“困在盒子里”的人，一个“不知道自己在做什么”的人。

我们看一个简单的例子。约翰尼做了如下观察：他每次喝酒精饮料都会头痛得厉害，近乎昏厥，需要两天才能恢复。他自然会问：这是为什么？

做出同样的观察后，你可能会给他一些建议，但约翰尼从自己的“世界地图”中得出这样的结论：如果一个人变得健康、强壮，那他的身体就会比以往更不能容忍毒素，这是一件好事。于是，约翰尼更进一步，开始将酒精不耐受视为自己道德和精神进步的标志，就好像他身体里的细胞都在排斥“不好”的东西一样。

但约翰尼可以用不同方式来思考这个问题。他本可以问：“我为什么不能更好地代谢酒精?”然后研究酒精的特性，推断它对自己的影响。或许，他会得出另一种结论：这种症状是心理因素导致的——他对酒精及其所代表的东西有某种深刻的、无意识的负罪感与羞耻感，而他之所以出现酒精不耐受的症状，实际上是因为他对酗酒的父亲心怀愤怒无法释然，于是自己出现了身体上的反应。

或许，他对“自己有问题”的信念产生了动摇：他会不会只是“觉得”喝酒后身体不舒服，但实际上并非如此？或许，他得出了彻底相反的结论，觉得自己酒精不耐受是身体虚弱的表现，唯一的出路就是经常喝酒，以毒攻毒……

有一天，纯粹出于偶然，约翰尼的血液检查结果显示，他携带一种非常常见且无害的基因突变，导致他的肝脏不能像正常人那样有效地代谢酒精，这就是为什么他的身体特别难应付酒精。他突然意识到，自己从未考虑过一种“就在鼻子底下”的思维模型——医学思维模型。

现在的问题是，到底哪种思维模型是“正确”的？在约翰尼的例子中，他的问题比较随意，他不必理解背后的原因也能解决问题——不再饮酒就行了。在这种情况下，他用哪种思维模型并不重要。但如果引发问题的不是酒精，而是某种令他产生严重过敏反应的常见食品，那么，他用哪种模型就很关键了，因为这将极大地影响他如何“解决”问题。

你要习惯“退后一步”，将思维模型视为工具，并问问自己：“这种思维模型真能帮助我理解问题吗？这真的有用吗？”一旦做到了这一点，你就可以开始问：“如果这没有用，那什么样的思维模型会有帮助？如果想弄清眼前这件事，我该如何思考？”这时，事情才开始变得有趣……

最好的思考方式，
就是让人能更好地理解想理解的对象的方式。

科学是一种想象形式

也许你曾经旁观过两个聪明人的对话。比如，一个人试图向另一个人解释一件事，你可能会听到他这样说：“这个盐瓶是一个三维物体，对吧？我们把这条餐巾看成一个‘场’，然后把盐瓶放在这里。现在，如果这把叉子代表重力……”

在描述未知事物时，人们不可避免地要依赖已知的语言、图像和想法，也就是利用比喻、象征和类比的手法。这些都可以被视为“建模语言”，以及对“科学想象”的实践。

当然，正如之前所说的，我们应该避免将类比与现实混淆。《楞伽经》里有这样的话：“如愚见指月，观指不观月；计着文字者[1]，不见我真实。”

如果我们想指向某物，确实需要“手指”（如文字、模型、类比、比喻、符号等），但我们不能太专注于“手指”本身，而要关注“手指”所指向的事物。费曼对类比有自己的看法，特别是在沟通和教学方面（在费曼看来，教学和沟通几乎是一回事）。在 1983 年英国广播公司一档名为《想象的乐趣》（*Fun to Imagine*）的节目采访中，费曼将科学研究比作玩国际象棋。

> “有一个有趣的类比可以让大家了解，我们为了理解自然都在做什么。想象一下，众神正在玩一场庞大的游戏，比如一盘国际象棋。虽然你不知道这场游戏的规则，但你可能时不时地被允许观察棋盘的一个角落。通过观察，你试着摸清游戏规则，比如棋子移动的规则。
>
> 一段时间后，你可能发现，当棋盘上只有一个象时，它会一直在自己最初选择的颜色的格子

① 也作“计著名字者”。——译者注

上走。稍后你可能会发现，象的移动规则是沿对角线移动，这就解释了你之前发现的规则，即象会一直走在颜色相同的格子上。这好比我们发现了一条法则，然后对它有了更深的理解。

啊，然后发生了一些事：突然，在某个角落出现了一个怪现象，于是你开始调查、摸索。这是你没有料到的“王车易位”规则。

顺便说一句，在基础物理学中，我们总在试图研究那些我们还不了解其结论的事，其中最有趣的往往是那些显得“不匹配”的事，那些不按照你的期望发展的事。

物理学也可能发生革命。象在颜色相同的格子上沿对角线方向移动，在你注意到这一点之后，很长时间里，人人都知道了这是真的；然后有一天你突然发现，在某场国际象棋比赛中，象没有保持移动规则，而是走到另一种颜色的格子上了……直到后来，你才发现了新的可能性：原来的象被吃掉了，一个兵一直走到对方后所在的底线，升变为一个新象。这种情况可能会发生，但在此之前，你并不知道。

”

通过这个简单的类比，费曼阐明了科学演变的全部历史、科学随时间推移的发展方式，以及为科学家研究自然提供了各种信息的潜在的、更深层的世界观。他利用家喻户晓的东西（国际象棋）来描述人们不知道的东西（科学对自然的全面探索），并将两者联系起来，这样，人们就可以将自己的理解从一件事转移到另一件事上，从而才能学到东西。

费曼被视为杰出的沟通者（众所周知，许多科学家不善于沟通），原因可能有以下几点。

1. 他对工作充满热情，他的激情激励了旁人。他对世界的好奇心和敬畏心具有感染力，甚至让他人看到了某些普通现象背后的魔力。观看费曼的任何一场采访或讲座的录像，你都不会觉得他对世界感到厌倦。再看看某些科学教育工作者带来的乏味的宣传材料，难怪费曼会有如此的优势！

2. 他善于运用类比，而且运用得当。费曼不是一个高踞知识顶峰、自命不凡的人。听众处在什么层级，他就去那个层级接触他们——如果有人对他所讲的东西一无所知，他也不会认为他们永远都听不懂；相反，他会弄清楚这些人说的是什么“语言”，并用相应的“语言”和他们沟通。这种能使用任何有效工具的能力，也是费曼成为一名优秀科学家的原因。理论物理学家的领域很怪异，他们的世界是数学的、抽象的、概率的。他们必须清楚将怪异的发现转化为更直观、更具体的东西的价值，以便更好地将它们传达给生活在现实世界中的人们。

3. 他能让科学变得有人情味儿。费曼会用故事和情感诉求让人们关心自己在说什么。科学不是死的、中立的东西。好奇心和对理解的渴望是人类的一种切身体验，它能直接挖掘生活中最尖锐的问题。接受科学中这种“人的因素”，而不是一味忽视它，能让科学属于每个人。

4. 费曼不会让自我成为阻碍。比如，在科学中需要用术语“振动”一词来表述的内容，费曼或许会选择用“来回抖动”来更快地表达——只要能这么做，那他就不会犹豫。放弃生硬、难以理解的语言——术语可能更“正确”，让你觉得自己是个专家，但如果它只能体现你的优越感，那它在科学普及过程中可能就没用了。语言，就是“用”的啊！它可以丰富多彩，也可以不走寻常路——尤其是，如果它能打破陈旧的观念，带来真正的见解，那为什么弃之不用呢？

科学是一种想象形式，通过语言、图像、象征、类比等方法与现实关联。

如何建立类比

类比可以帮助你向他人传达你知道的东西，教他人一些他们不理解的东西，或者，你可以借此教自己，让自己更好地理解一些东西（这样比教别人更好！）。好在，类比属于人类的本能。我们可以遵循一些步骤，更谨慎地建立高质量的类比。

第 1 步：针对某方面，找出你最希望传达的属性或特征。

假如你是科学家，想向一群外行人解释人眼是如何体验和处理光波的——这是一个十分复杂的概念。当初，费曼首先聚焦于他最想传达的属性——当沉浸在波中时，我们会有一种独特的体验，而且，就算仅处在波中的一个点上，通过在一点上的体验也能推断出整个波的运动特征。

第 2 步：找出具体又普通的东西来影射某个特征。

你可能习惯将声波或光波想象为水波，因为几个世纪以来，科学家一直在用这种类比，因此，你不妨也利用这种关联，说光波的行为类似水池中水波的行为。现在，你如何传达上述特征？费曼曾说，可以想象一只苍蝇漂浮在水面上，当波浪经过时，苍蝇会上下振动，这种振动是它对波的体验。但如果它是一只聪明的苍蝇，它就可以收集所有数据，提出关于“波是什么”以及“波来自哪里”的理论——即便苍蝇如此渺小，无法拥有更大的视野，它也能做到。

费曼进一步解释，这正是光波进入眼睛时所发生的事：眼睛检测到刺激（类似于振动），大脑将数据拼凑在一起，创建出“波来自哪里”的思维地图。通过这种方式，大脑构建了周围可见世界的模型。这就像苍蝇开始理解振动的波浪一样。

第 3 步：如果你的类比不起作用，最好还是调整或放弃。

一个类比是否成功，取决于被比较的两件东西之间有何种关联。如果你想用“章鱼在超市买哈密瓜”来类比光波射入眼睛的现象，那听众耗尽脑力也猜不出这两者是如何联系在一起的。注意，类比是有界限的：它只能强调关联或相似的某个方面。在水波与光波的类比中，水波和光波都具有波的特性，但两者的其他特性可能没什么关联；在费曼的类比中，除了“处理数据”之外，苍蝇与人也几乎没什么共同之处。所以，如果你的听众陷入“苍蝇”这个概念本身无法自拔了，那你也要果断放弃苍蝇，选择其他类比。

以下是更多可能对你有用的科学类比——仔细观察，看看你能否找到类比中突出了哪方面特征，或被比较的事物之间有什么关联。

- 原子就像一个微小的太阳系（当然，如果听众不知道太阳系是什么，那这个类比就没有意义了）。
- 传染病的传播“若火之燎于原”。只需一个小火花，一旦遇到足够的“燃料”，传播速度就可能呈指数级增长。

- 接受粪便移植，有点儿像将野花的种子播撒到裸露的土壤中。
- 服用益生菌来调节肠道菌群，就好比希望通过把一桶水倒入海洋来提高海平面。
- 一堂好的科学课应该像一种酶，能通过某种机制（如类比）来触发、加速学生在思想上如化学反应般的变化。理解力是学生本就有的，原材料也总是存在的；教师 / 传播机制就像催化剂一样，反应前后保持不变。
- 新陈代谢如同一台发动机。
- 通过光谱确定红移，就好像识别吹起的气球上的指纹（这个类比非常好，一般人即使不知道红移或光谱是什么，也会理解这个概念）。

如何像费曼一样教学

一看这个标题，你可能会想：“这一节对我没什么用，我又不是老师。”希望你能在读完这一节时发现，教学是所有人都需要掌握的一项生活技能，无论你是否真的是一名教师。

一个人善于教学，意味着这人也善于沟通；而我们只能在自己理解的范围内进行交流。因此，教学能帮助别人照亮并消除盲点，也能让我们看到自己的盲点并消除它们。

一个人善于教学，
意味着这人也善于沟通。

门徒效应

门徒效应是指，教学（假装教学或为教学做准备也算）能帮助教师更深入、更富洞察力地理解教学内容。多年来，不少教师会建议学生教自己的同学来学习和备考。这种方法不仅能锻炼学生，强化他们对所学内容的了解，还可以快速突显学生在理解上的差距，让他们发现哪些是真正的理解，哪些只是错觉。

教学可以改善大脑处理学习内容的方式，提高一个人在解决问题时的自我调节能力[①]，而“期望教学”的心态可以提高记忆力，改善自己学习时组织材料的方式[②]。当你在教学时（即使只是假装的，实际上不需要向别人解释什么），你正在创造一种完全不同的学习体验。在这种体验中，你可能会感受到更强的掌控力、更大的自

① Muis, et al., 2016.

② Nestojko, et al., 2014.

主权、更高的清晰度、更充足的动力。当你在教学时，你会不断把自己放在学生的位置上，寻回学习的初心。如此一来，你会经常提醒自己放慢速度，询问自己知道什么，并有条不紊地解决问题。有时，我们没能真正吃透内容，是因为我们误认为自己已掌握了一切——表面上在学习，但实际上大脑已经关闭了，只是做了一遍基本动作。然而，如果你想象自己正在教学，你就会找回第一次接触学习内容的人的心态。这意味着你不会那么自满，也不会那么容易陷入惯性和盲点。

在自己的生活和学习中，我们该如何利用门徒效应？

方法 1：不必真的跑去教别人。

你只需想象自己正在教别人，或者在准备材料来教别人，就足够了。如果有人愿意听你讲，请务必抓住机会，试着向他们解释你在学习的内容，这肯定会有所帮助。你可以面向任何人开“讲座”来达到同样的效果。如果你愿意，不妨在面前摆上一排毛绒玩具，或在笔记本上画一张脸，然后与它们“交谈”——这看上去有点儿傻，但也挺有用。

重要的是，你必须像稍后要与他人分享、交流一样来处理和消化学习材料。想象一下，这些人的认知不如你，你不得不强迫自己想出简化的释义、新颖的类比，以及对预期问题的解答。

方法 2：想象一个全能学生。

人最难理解的是什么？他们会如何表达自己的问题？想象一下你如何回答这两个问题，然后想象学生对这个答复并不满意。再想象一下，他们本质上在担忧什么，而你会如何解决这些困惑。别忘了，我们经常欺骗自己，认为自己已经明白了，或者我们的模型有某种解释能力。然而，如果想象出一个具有挑战性的学生，我们就会发现潜在的循环论证风险，以及有些定义过于"懒惰"。

最简单的方法就是在脑海中想象一个不停问"但是，为什么？"的学生。随着时间的推移，你可能会发现你已经内化了这位"全能学生"，在有条不紊地解决问题时，这位学生与你自己进行了小对话。

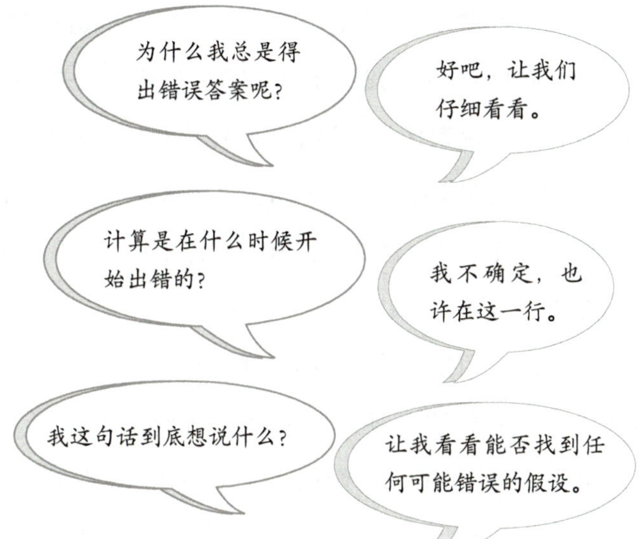

这样，你就成了自己的老师，你已经完全将强大、富有创造力的“师生”互推力内化为自己的动力。

方法 3：邀请反馈，参与反馈。

“师生”对话非常有用，这是一种生动、辩证的对话，在反反复复的问答过程中，学生从无知走向理解（老师通常也如此）。在某种程度上，这很像苏格拉底式对话——将探索知识的过程变为共同对话并逐步得出合理结论的过程。

在建立这种对话的各种方法中，一种方法往往被低估，那就是反馈。很遗憾，传统教育方式往往更关注成绩，倾向于将反馈作为对学生进行评分和排名的方式，而不是用来指明学习的前进道路。这意味着大多数人相当抗拒"接受反馈"这件事，因为我们习惯将其视为批评、攻击、羞辱。

这是很遗憾的事，因为反馈非常有用。一位好老师会定期向学生提供反馈，明确告诉学生，他们的努力产生了何种效果，他们可能忽略了什么，或者就他们正在努力解决的问题给出提示。如果科学家希望真正理解科学方法的使用机制（无论他们的假设是否成立），那他们必须首先适应学习中的试错机制——接受你有时会犯错的事实。

别害怕反馈。找一个你认识的最聪明、最有能力的人，勇敢地征求意见。不必总是努力变成你身边最聪明的人——如果你周围的人都比你懂得多，那你会学得更好！记住，重点不是计较排名、评级或与他人比较，而是寻找有用的信息来评断自己的策略的质量、问题的有用性，以及方法的可靠性。

别害怕反馈。找一个你认识的最聪明、最有能力的人，勇敢地征求意见。

如何向他人解释一件事

一些聪明人会让他人感到十分困惑。当这些聪明人讲话时，就好像他们在用另一种语言。毫无疑问，他们非常聪明，但他们说的到底是什么意思呢？费曼就不是这种人。对他来说，教导别人的能力并不是透彻理解的“副产品”，相反，他意识到，清楚表述已知事物的能力反而对了解这件事大有帮助。

许多人认为，如果一件事复杂而重要，那恐怕只有少数人能理解它。费曼扭转了这一点：只要用合适的水平来解释，任何人都可以理解任何事。如果你的解释无法让别人理解，那恐怕不是因为内容太复杂，而是因为你没有足够彻底地理解、掌握它。

我们来看看 IRADE 法，这是物理学教育中一种多管齐下的方法。这种方法的灵感部分来自费曼的一句话："最好的教学方式一定很混乱，也就是说，你要用一切可能的办法来教。"这就好像你要通过快照的方式向学生展示你想教的概念——快照数量越多，拍摄角度越多，他们就越能全面地了解这个概念。

- I—Introduce（介绍）

从描述和故事开始。提供一些背景信息，解释为什么要学习这个概念，这种学习方式如何适应更大的知识框架，这个概念如何与已知的东西联系起来，如何帮助学生实现目标。

一名好老师可以利用故事、幽默感和情感来激发学生的兴趣，让概念看起来有意义。费曼有一点很出名，就是他能让害怕科学的人承认："你这么一讲，听起来确实有意思。"你不妨从词典的定义开始熟悉相关主题，并找到自己的立足点。

- **R—Relate（关联）**

接下来，用现实世界中的例子来展示这个概念是什么——可以的话，至少给出三个例子。如果你从抽象开始，又以抽象结束，那么别人很难看出这个概念以何种方式与“现实世界”联系起来。尤其在涉及物理学或其他更抽象的主题时，你必须始终植根于“为什么这个概念很重要”来解释。

- **A—Apply（应用）**

你学到的内容应该有一些实际用途（但愿吧！）。无论方法、思想还是理论，都是一种工具，它能帮你在现实世界中实现什么目标？如果你手握一个数学公式，如何以你的方式利用该工具解决问题？你可能希望将示例与经典问题联系起来，然后展示新知识如何解决这些问题。如此一来，你不就是把新知识嵌入实际用途中了吗？接受问题，让学生也动手试一下。通过一系列从简到难的应用实践，让学生看到原理的实际用途，而不仅是从你那里“听说”而已。

- D—Demonstrate（演示）

视觉演示确实非常有效。学生们总会记得课堂上酷炫的实验，而不是课本上枯燥乏味的内容。就像写作一样，演示，别光讲。你可以重新创建一个小型实验，或设置一个演示方法来展示工作原理。一图顶千言，而一次真实的演示能顶一千张图！

- E—Examine（检验）

测试一下你传达的内容是否已被接收。不一定非要正式考试，也不一定非要突击测验，你只要确保给学生一个机会，反思他们所学到的东西即可。别忘了门徒效应，请他们将你刚刚教给他们的东西反向传授给你。仔细聆听，他们遇到的困难或感到困惑的地方就是你需要审视的地方。

学生提出的问题也能揭示他们吸收了多少内容。让他们解释、总结、辩论，展现他们是否理解了潜在的主题。或者，更典型的办法是，给他们一个你在示例和演示中谈到过的问题，看看他们是否知道该怎么做。

但是，为了确保学生真的理解了，不仅要看他们能否正确重复相同的内容。测试理解力的一种好方法是向学生展示错误的解法或答案，让他们告诉你这为什么错了。

第五章

综合起来，实际用一用

在所有门类中，只有科学自带了这样一个教训：相信上一代最伟大的老师是绝对正确的，这将十分危险。

——理查德·费曼

费曼思考法概述

从好奇心和“高质量”的观察开始，知道如何、为何思考这些观察结果；建立自己的思维模型，将数据整合在一起；学习如何与他人交流自己的发现。这些都是获得知识的方法。你教一个知识的次数越多，对它的理解就越深；理解得越深，你就越知道如何把它教给别人。

这就是费曼推崇的方法。作为一名科学教育家，他不仅简单地教授关于世界的知识，也在推行一套能让人们自行了解世界的智慧工具。

被人们挂在嘴边的“费曼学习法”，其实是一种综合性学习方法，能帮助人们深度学习。它的基本原理最初是由费曼本人创立、供自己使用的，他借此简化和组织自己的学习和工作。费曼在教学、学习和沟通中采用的方法，本质上是对科学家个人思维过程和思维模型的拆解。费曼的思考法以简洁的语言、清晰而有组织的思想为基础，其灵感在很大程度上源自他在美国普林斯顿大学学生时代的经历。

但是，这套工具的厉害之处在于，任何人都能用上它——无论你的目标是赢得诺贝尔奖，还是解决日常生活中的困难。更重要的是，这种方法在理论上可以用来理解任何东西——无论是物理学、数学、历史、语言学还是哲学。我们在前文中讨论过心态和态度，它们为进一步努力学习奠定了精神基础，但如果我们的目标是掌握更正式的学习方法，那么费曼的方法会特别有帮助。

我们在遇到新的学习机会时，难免会背上以前的教育经历的沉重包袱。在讨论如何更好地学习新东西时，我们心里都难免有一些既定的"假设"。但是，如果你真想在某个领域提高水平，那么尝试一点儿新东西、改变现状是值得的——不是在表面上，而是在更深层。老师很可能已经教会了你一些习惯，其中有些习惯可能有助于高效学习，有些却不太有效。这就是为什么你应该试着将费曼思考法用于学习中，其中有些东西你可能觉得很熟悉，甚至觉得“这不是明摆着的吗?”，但有些东西可能违背了你的直觉。在做出任何假设之前，不妨采纳科学家们的一个信条：亲自试一下，看看会发生什么。

让我们把前面探讨的所有内容都放在一起，费曼思考法大致包含四个步骤：学习、教学、寻找差距、简化（还可以再加一步——重复）。

第 1 步：确定你的学习主题。

这一步看着简单，但实际上，你需要对想学习的内容或想阐明的问题有一定了解。

把所知的一切都“白纸黑字”地写下来。利用纸和笔，或在笔记本电脑上记下每一个细节——即使看起来微不足道。事实上，这些信息要非常清晰、非常细致，而其中最有趣的内容是那些我们自以为知道但实际上不知道的内容。“白纸黑字”地写下来很重要，可以帮助我们辨别哪些是我们知道的，哪些是我们其实不清楚的。

这其实是为了划分出我们当前所掌握知识的领域和边界，赋予它一个“形状”。根据你的主题，这可能是一个非常直观和动态的过程。相信自己，但也要保持开放的态度，不要认为任何事情都是理所当然的。你不仅是在记住和写下不可否认的客观事实，也是在切实地回答这个问题：“我知道什么？”如果你给自己写一本“十二个问题”的笔记并时时翻阅，一定会有所帮助。

把所知的一切都『白纸黑字』地写下来。

第 2 步：把你知道的教给“孩子”。

对知识保持谦逊的态度，使用简洁的语言，把复杂概念简化，通过这些方法将你所知的东西传达给一个知识储备为“零”的人，这是终极考验。与已经“知道”的专家分享信息通常没多大用处——他们的专业水平会造成一种错觉，让你觉得他们或你自己的理解足够有深度。假如你不能把自己已知的东西教给孩子，那就基本可以断定，你还没有真正掌握这个东西。这不是很棒吗？你确定了一个研究领域，并将思维方式从“我知道了”变为“我得找个办法”——这是一个进步。越早承认自己的理解水平没有自己想象中那么“靠谱”，你就能越早开始真正理解问题的本质。所以，不要让“自我”成为一种阻碍。

找到一个孩子，给他解释问题，这当然很棒，但显然我们未必总能这样做。不过，你不妨假装为孩子们备课，预测他们的问题和困惑，清楚地制定在真正教学时所需的步骤，确定完成相关步骤所需的核心概念，避免冗长、烦琐的术语和不清楚的表达方式——记住，你的目的是解释一个术语，却不提及术语本身。不断寻求简化，并尽可能让你的语言直接、简单、“干净”。

以下几点需要记住。

- 孩子们听不懂术语，也不会被那些听起来“高大上”的话术打动。看看你能否传达出藏在科技术语背后的概念。不要被词汇分散注意力，或者误以为你知道一个词就理解了其中的概念。
- 要简洁。这有点儿像为一个概念制定一份“电梯游说”[①] 方案。其实，也不必非要把内容变得十分简单，但一定要快速切入主题，这能帮你识别什么是这个概念的核心，什么只是废话。
- 预测问题和反对意见。想象你能想到的最执拗的孩子，他们会一直问“为什么”，不断针对你想解释的内容中最棘手的部分发问。

① elevator pitch，一种广告或推销方式，特点在于简洁、有吸引力，能在极短时间内，比如，在大家乘坐电梯的短暂时间里，有效地传达信息。——译者注

第 3 步：寻找知识差距。

如果你正确地完成了前两个步骤，就会情不自禁地准确找出那些你其实不太清楚的地方。然而，你并不是在寻找问题或缺陷，而是在寻找学习和成长真正“发生”的地方。大多数人的努力方向是相反的：他们过分看重自己已知的东西（或自认为知道的东西），当遇到不一致或困难时，他们就会退缩，要么假装已经理解了，要么干脆忽略问题所在——这无非是在制造更多的无知。

我们应该对这些“空白”感到非常非常好奇。从大局着眼，看看自己能否找到解释中的薄弱点、理解上的差距，或者你做出既定“假设”的地方。知识体系如同一个脚手架，而在你的脚手架的结构中，某些地方只是被胶带或别针暂时固定住了。关注这些地方，看看可以采取哪些措施来加固。

一旦发现知识差距，该怎么做就是显而易见的事了——填补！你能否把困惑变成有针对性的问题？如果你无法查明到底是什么引出了流程中的某个特定步骤，那这就成了一个要研究的问题：是什么引出了这个步骤？为什么会出现这一步？查阅书籍和资料，调查研究，收集数据，寻求帮助，动手实验，检查答案是否隐藏在已有的材料中。相关信息可能确实丢失了，或者，你会发现自己对该信息的理解或组织存在错误。努力填补这些“空白”，无论它们是什么。

第 4 步：讲故事。

从表面上看，大自然中的各种事件有同时性，混沌不清且规模庞大。科学家总是努力从看似混乱的事物中找出线性的叙事思路，换句话说，他们想讲一个故事。当你梳理出对一种现象的解释时，当你编出一个有开头、有结尾的故事时，你实际上就是在将自己的观察结果组织成一个连贯的整体，建立一个思维模型。

将自己的笔记和想法拼在一起，不仅是为了保持整齐，让万事有条理，实际上，这也是更深层地掌握和理解事物的开始。自己做笔记和图表，收集整理相关想法，建立理论模型，勾勒出你想描述的现象，然后讲故事。为此，你不妨再次想象出一个孩子，你要把自己所知道的东西讲给孩子听。但这一次，你要学着像费曼那样呈现一个连贯的故事，吸引那些还没觉得你的想法很有趣的人。当你真正理解眼前的东西时，讲故事的热情似乎是自然而然的结果。

使用类比和生动的语言，快速传达你的想法。记得要注入情感，毕竟，这是人们想理解一件事并调动足够的注意力来关注它的唯一原因。把事物放在一个背景中，让它生动起来。大声朗读你的解释，想象你自己就是在第一次学习这个主题时非常希望碰到的那种好老师。从学生的角度看问题，他们首先需要什么知识？从这种解释中可以得出什么结论？他们需要了解哪些规则？彻底理解要为学生提供何种“课程”，可以帮你快速识别并专注于基础知识，这样就不会越讲越分心。

费曼思考法适用于所有领域吗？

费曼思考法是否也适用于人文、艺术、伦理等领域？科学致力于理解“这是什么”；艺术更多地关注“这可能是什么”，美、独特和乐趣是艺术的追求；而伦理关注的是“这应该是什么”；当然还有宗教——好吧，这又是另一回事儿了。

尽管费曼是一名物理学家，物理学是他的热情所在，但这并不意味着费曼的方法只适用于科学。事实上，费曼本人很喜爱艺术，他对艺术的好奇心和热情不亚于对物理学的。当你好奇“是谁”“是什么”“为什么”等问题时，探索的路上其实没有限制。爱因斯坦爱拉小提琴，海森伯爱弹钢琴，费曼一生都被绘画吸引。

> 我非常想学绘画，原因我一直保密：我想传达一种自己对世界之美的情感。这很难描述，因为这是一种情感……一种敬畏——对科学的敬畏。我觉得，通过绘画可以向有着同样情感的人传达这种敬畏，在某一刻，向他们展现“宇宙的荣光”。

这是与探索粒子物理学完全不同的范畴，但在内心深处，他同样寻觅着好奇心的源泉——这是对自然的本质、生命的意义的探求，希望通过更深的探索，了解并体验这些本质和意义。沿着这条探究之路走下去，自然会遇到精神层面和形而上的问题。

爱因斯坦时常谈到“宇宙的宗教体验”，这种情感渗透并萦绕着他的科学工作。晚年的爱因斯坦曾说，他希望“体验作为一个单一整体的宇宙”。英国科学史家约翰·布鲁克（John Brooke）说：“像其他伟大的科学家一样，他[爱因斯坦]并不符合别人给他设置的分类框。比如，很明显，爱因斯坦尊重犹太教和基督教传统体现的价值观……但他对宗教的理解比大众口中这个词的通常含义要微妙得多。”布鲁克说，爱因斯坦尽管排斥传统宗教，但对自己的观点被激进的无神论者盗用感到十分不满，而且因为这些人不够谦逊而感到被冒犯，他说：“世界的永恒奥秘在于它的可理解性。”

费曼曾经这样描述：

> 思考超越人类的宇宙，思考没有人类的宇宙（在宇宙漫长的历史的大部分时间里，在其大部分空间里，其实都是如此）有何意义，这是伟大的冒险。
>
> 当人们最终得到这种客观的观点，意识到物质的奥秘和威严，然后将客观的目光转回被视为物质的人，将生命视为最深刻的宇宙奥秘的一部分时，就会获得一种很少被描述的体验。它通常以大笑为终，以尝试理解的徒劳为乐。
>
> 这些科学观点的终点是敬畏心和神秘感，它们迷失在不确定性的边缘，但看上去如此深刻、惊人，甚至，如果将这一切仅视为上帝观看人类善恶之争的舞台，那是远远不够的。

费曼似乎是在指出传统信仰的不足：不是因为它们过于宽泛、神秘、不确定，而是因为它们还不够宽泛、不够神秘、不够不确定。

费曼思考法能被用到生活中的其他方面吗？当然可

以。敬畏和惊叹启发的探索精神、热切的好奇心、谦逊的态度，以及那些令人敬佩又充满乐趣的探索自然本质的过程，都会让我们在生活的方方面面受益无穷。无论你的问题平平无奇还是十分深刻，无论你研究的学科是“软”还是“硬”，无论你的问题涉及数学中的比例还是雕塑中的比例，前文中的四个步骤都有利于你扩展、加深自己的认知。

如何让数据更“好看”

“费曼图”曾让费曼在物理学界一举成名。第一张费曼图于 1949 年发表在期刊《物理评论》（*Physical Review*）上，解释了两个电子如何交换光子。费曼图是复杂、不直观的量子电动力学（QED）世界的简化说明。费曼图用波浪线表示光（光子）的行为，用直线或曲线表示电子的行为，用圈线表示胶子的行为，等等；图中的时间方向（纵坐标）是从下到上的，空间方向（横坐标）是从左向右的，这样既方便“阅读”图表，又简单、明了地解释了粒子间的行为。图中偶尔附加简单的数学公式——在某种程度上，费曼图就是图像化的公式。

因此，费曼图实际上是一些数学表达式的简化图解，这些数学表达式描述了粒子行为，不需要冗长、艰涩的文字描述。这张图如此简洁，几乎影响了理论物理学的所有领域。2004 年诺贝尔物理学奖获得者弗兰克·维尔切克（Frank Wilczek）曾说，他的成果在很大程度上归功于费曼图。确切地说，如果没有费曼的贡献，维尔切克的大胆想法恐怕是“不可想象”的了。重要的一点是，费曼并没有发明任何“新东西”，他不过开发了一种极有用的简单的数据可视化方法，而这种方法可以为一些旧问题提供更好的、新的解决方案。对数据进行排序、分析和可视化，会对使用这些数据的具体操作产生巨大影响。

费曼图的意义不限于“图”——它不是严格的几何描述，而是旨在表现拓扑学上的结构和轨迹，因此只要图中的核心关系保持正确，这种图的具体配置方式可以变化多端。然而，费曼本人逐渐意识到（并证明了）这种方法有缺陷，它并不像大家最初期望的那样有望成为一种替代方案。但这并不意味着费曼图就没有价值了。模型、理论和数据的可视化只是工具和对现实的近似，如果费曼图有助于大家发现更好的方法，那么它就是有用的。事实上，许多物理学家确实一直在使用费曼图，而这种工具背后的发明原理也一如既往地备受推崇。

费曼－塔夫特原则

《纽约时报》曾称爱德华·R. 塔夫特（Edward R.

Tufte ）[①] 为“数据界的达·芬奇”。塔夫特以巧妙甚至可以说是充满艺术感的方式，撰写了不少数据可视化方面的畅销书。他一生的主要目标就是找到能让人们洞察信息，并消除混乱、复杂、不必要的语言的传播工具——不难理解他为什么会钦佩费曼。事实上，费曼图是塔夫特心中摆脱了噪声与废话的完美设计范例。塔夫特表示：“‘好’的数据展示有助于揭示与理解机制、过程、动态和因果关系等相关的知识。”

对于塔夫特来说，“好”的数据展示能让人更好地看到从前无法看到的东西——弗兰克·维尔切克不就说过，假如没有费曼图，他的成就恐怕是“不可想象”的吗？根据塔夫特的说法，“好”的可视化效果能带来精确的洞察，“糟”的可视化效果则适得其反。塔夫特说：“清晰而准确的视觉效果要与清晰而准确的思维结合。”

在语言上，我们应该力求简单、清晰、直接、易于

① 美国耶鲁大学统计学和政治学退休教授，奠定了视觉化定量信息的基础。——译者注

非专业人士理解。当涉及视觉效果时，这些规则仍然适用，我们可以使用所谓“费曼–塔夫特原则”：数据可视化应该足够简单，简单到可以印在面包车的侧面。费曼曾有一辆满是灰尘、破烂不堪的面包车，他把这辆车改装翻新，并在车的侧面画上了费曼图。如果 20 世纪最伟大的思想家之一能将最复杂的想法之一全部画在一辆面包车的侧面上，那么你也可以。如果你最初用 19 张幻灯片才解释清楚自己的一个“伟大创意”，那么其实你八成大有精简的余地。

塔夫特的座右铭之一就是：“设计简单，内容丰富（simple design, intense content）。”你是否在以不同方式一遍又一遍地诉说同一件事？你应该仅用一种陈述或表现手法展现一种规则，将所有内容囊括进去。要始终以“精简”为目标：不要花费三段文字来描述一个流程，要用一张简单的流程图来简洁地表达想法。在可能的情况下，使用量化的数据来表示关系（一个恰当的数学公式可以代替几页纸的阐述）。

塔夫特提出了六项原则：

1. 记录数据的来源和特征；

2. 坚持恰当的比较；

3. 展示因果机制；

4. 定量表达因果机制；

5. 意识到分析问题在本质上具有多元性；

6. 检查和评估各种解释。

简而言之，“信息展示应该具有记录性、比较性、因果性和解释性，也应该是量化的、多元的，既要有探索精神，也要保持怀疑的态度”。

思想的层次

思想的层次是什么？

费曼曾在美国康奈尔大学做过一次题为“物理定律

的本性：过去与未来的区别”（“The Character of Physical Law: The Distinction of Past and Future”）的演讲，他在演讲中曾这样描述这个概念：

> 我们可以在不同的层次或级别思考世界……我并不是想将世界精确地划分为几个层次，但我想通过一系列观点来表明我所说的思想层次的含义。
>
> 比如，我们有物理学的基本定律，然后，我们为近似的概念发明了其他术语，我们相信，这些术语能在基本定律中找到各自的最终解释，例如“热量”。“热量”是可以“来回抖动”的，而所谓“有热量的东西”指的是大量“来回抖动”的原子。但当我们谈论“热量”的时候，我们有时会忘记原子的抖动这回事，就像我们在谈论冰川时，并不总会想到六边形的冰晶和最初飘落的雪花一样。
>
> 另一个类似的例子是盐的晶体。从根本上看，

它由大量质子、中子和电子构成，但我们头脑中“盐的晶体”这个概念其实承载着所有种类的基本相互作用。压力这种概念也是一样。

现在我们往上走一层，就遇到了物质的属性。比如“折射率”，描述的是光穿过一种东西时会如何弯折；还有“表面张力”，就是水喜欢把自己往一块儿“拉”的现象。这两个概念都可以用数来描述。注意了，我们要仔细研究几条定律才会发现，这背后其实是原子的引力等，但我们仍然只会说“表面张力”，而且我们在讨论这个概念时，并不总会在意其内部有什么活动。

再向上一层，有了水，就有波浪，接下来就会出现风暴这样的东西。“风暴”这个词包含了很多现象，还有“太阳黑子”“恒星”，也是一堆东西积累起来的概念。总是回头想，并不值当。实际上，我们也没办法总回头想，因为我们越向上走，中间的台阶就越多，而每一步都不太牢靠——我们还没把它们都弄清楚。

当我们在这个复杂的层次阶梯上继续往上走时，就会遇到诸如“肌肉抽搐”“神经冲动”之类的概念，这些都是物理世界中极其复杂的机制，涉及复杂的物质组织。然后，我们就会碰上“青蛙”之类的东西。

我们继续向上，会遇见“人”“历史”或“权宜之计”等词语——这是一系列用来在更高层次上理解事物的概念。

继续走，我们就来到了“邪恶”“美丽”“希望”这些词的面前……

如果可以在宗教意义上打个比方的话，我们在哪一端更接近终极的“造物主”？“美丽”与“希望”这端，还是基本定律这端？当然，我认为正确的是我们必须关注事物在整体结构上的相互关联。”

费曼认为，人类的一切智力探索，都是在不同层次的解释和理解上进行的。他尤其感兴趣的是探求各层次之间的联系，例如美如何与历史联系，历史如何与人类心理联系，人类心理如何与大脑运作联系，大脑运作如何与神经冲动联系，神经冲动如何与神经元的电化学作用联系，电化学作用如何与分子运动和行为联系——这又与亚原子粒子有关，以此类推，一直到最匪夷所思的夸克和胶子层次，也许一直到弦论……当然，这些联系都是“双向的”。

我们可以从任何层次、任何深度审视世界，也可以朝着任何方向拓展探究的广度。我们可能想研究各种动物的大脑（虽然仍停留在生物水平上，但扩大了研究的广度，涵盖了多种大脑），或者，我们捕捉到一种现象，如大脑中电化学能量的闪光，然后向上（如意识）或向下（如神经元细胞中电压门控钠离子通道的行为）探索。

费曼并没有说任何一端“更接近造物主”。他说的是，如果人们希望找到所有重要答案，那么继续朝任何一端走下去，其实都是一个错误。这意味着，仅关注“邪恶”“美丽”和“希望”等概念，或仅关注“基本物理学定律”，都是不明智的。对于那些专攻两端的人来说，双方互相攻讦显得尤其不明智。费曼认为，我们应该关注这些层次之间能建立哪些奇特的联系——事实上，是发现已经存在的联系。

这就是为什么我们说，一个人可以成为在任何层次上探讨任何问题的科学家——所有层次都是相互联系的。政治家、心理学家或生物学家的研究内容与物理学家、化学家或数学家的不同，但他们其实都在研究同一事物（现实），只是层次不同而已。最后要指出，“层次”这个词并不意味着某些层次比其他层次更合理、更真实或更基本。

可悲的是，迷恋所谓“理性”科学生活方式的人经常忘了，科学往往仅涉及一个层次。假如说某人会借助量子电动力学推导出“生命的意义”，这无异于说，在冥想中弄清楚如何修理一台洗衣机。也许，这就是为什么费曼在谈到科学时说：“了解我们今天所知道的所有基本定律，并不能让你立刻理解很多事。”

保罗·戴维斯（Paul Davies）在《上帝与新物理

学》（*God and the New Physics*，1983）中说道：

> 这里要区分的概念通常被称为“整体论”与“还原论”。在过去三个世纪里，西方科学思想的主旨是还原论。事实上，“分析”一词在如此广泛的背景下被使用，就很好地说明了科学家几乎都毫无疑问地习惯把问题分解来解决问题。当然，有些问题（如拼图游戏）只有在被组合起来时方能解决——本质上，这些问题是综合的或“整体的”。拼图游戏的整体图像就和报纸上印的斑驳的人脸一样，只有在比单块拼图更高的层次上才能被看清。

爱因斯坦有句名言：“站在提出问题的思维层次上，是没法解决问题的。”换句话说，你无法通过观察单块拼图，或考虑其中任意两块该如何拼接，来深入了解所有拼图块该如何组合。如果想弄清“这块拼图该放在哪”，你需要从更高的层次看，从“大面”上看，看到更大的图景。如果你在考察亚原子世界时没有发现“邪恶”“美丽”甚至“造物主”，这并不意味着你已经证明这些东西“不存在”。这就好比从一块拼图上看不出什么来，也不能证明更大的图景不存在或无法被拼出来。

戴维斯提出的“普适抽象层次”（universal hierarchy of abstraction）很简单：所有概念结构都能被视为通过一个单层次框架组织起来，该框架定义了部分和整体之间的关系，而它自身也跨越了多个抽象层次被定义——从宏观到微观，从普遍到特殊细节。

当你在探究中学习和成长，并用费曼思考法来获取理解和洞见时，你早晚会好奇自己的知识是如何连接起来的，以及它们该如何嵌入这个世界，或者至少好奇如何嵌入他人的元模型。世上有很多形而上学的理论和框架，它们从不同角度处理复杂的话题。

如果理论、语言和思维模型都是一种地图，那么普适抽象层次可被视为“终极”地图，它本身包含了层次不太复杂的地图。因此，如果有一天你在家里找一根针，你不妨彻底搞清所有家具的位置、如何推拉抽屉，以及所有抽屉内物品的详细清单，这样，你就能在家里“大海捞针”了。

但如果你想去草原旅行，那你就需要一张更大的地图来帮助自己在更大的范围内行动。房子和抽屉里的那根针像以前一样真实存在，但为了“草原之旅”，它们在你的地图中被省略了。相反，当你在家里找针时，你不需要先在宇宙和银河系中自我定位，然后找到你在自己所在的星球、大陆和国家中的位置……省略宇宙中存在的一切，使用仅包含你所住房屋的一张平面图就够了。

在一则寓言故事中，乔答摩（释迦牟尼的俗姓）只举起一朵花，却不说一句话，就向人群“布道”。他虽未发一言，却直指了现实（花），据说，一位弟子当下就开悟了。事实上，佛陀“说”了非常深刻的话：他选择了一种巧妙的方式来指出现实，却不明指出来，就像指向月亮却不用手指一样。他不用语言，也没用手势或符号，就传达了“这就是花”的神秘而深刻的思想。可以想象，这是抽象思想的最高层——抽象到无法再抽象。

然而，佛陀通过世俗的事物——在野地里生长的一朵普通的花——所在的层次，就可以达到这一阐释水平。

无论对什么感兴趣，你都应该意识到，你的探究是嵌套在更广阔的思想层次中的。如果你能意识到这次探究在层次中的位置，那就意味着你能更清楚地看到联系，然后你就不再局限于某个有边界的学科，不再是思想狭隘的所谓专家，而开始成为一名思想家。你开始问真正令人惊讶的问题，并给了自己回答这些问题的机会。

思考要有深度，也要有广度。建立各种联系。始终询问自己：一个问题在不同层次上会是什么样的？

顺便说一句，这种思维方式会让你看到，你最喜欢的“十二个问题”中的每一个——是的，每一个——都与其他问题相关。你可能看不到它们之间的联系，但联系确实存在。看似毫不相关的问题都源自宇宙，归根结底是一回事儿，那它们之间为什么没有联系呢？（也许，你想真正享受思考的乐趣，因而质疑这个说法是否正确。）

如果你想了解更多事物的本质，那么思想层次可以帮你找到出路，使探究井然有序。如果你试图学习解决某个问题，思想层次也会有所帮助——恰当选择探究层次，会帮你解决当前所在层次上的问题。比如，你走进一位精神科医生的诊室，想知道自己为什么总是焦虑不安，那医生不会一张嘴就说："嗯，一切的开端是宇宙大爆炸……"相反，正确的抽象层次就像放大镜，而最恰当的层次应该能让你更清楚地看到自己感兴趣的对象。

最后，要意识到思想层次是解决问题的绝佳方式。如果你陷入困境，找不到出路，试着放大或缩小一个抽象层次。如果说，你的视角本身就是一种工具，那么你要清楚，有些观点会像手术刀，有些会像大型起重机，而有些会像超级对撞机。有时，你觉得自己遇到了难关，但实际上你只是用错了工具，即从错误的角度看待事物。如果在当前层次上找不到解决方案，不如试着找一找走出这个层次的方法。

比如，精神科医生可能会告诉你，你压抑了愤怒，压抑了未解决的家庭问题，所以感到焦虑。但如果过了一段时间后，各种放松疗法似乎对你没有帮助，那你需要放大范围，进入更高的层次。也许，你要咨询一位哲学家或社会学家，他们会问你：为什么要把焦虑当作一个问题？哲学家不会教授你呼吸练习或正念技巧，而会建议你放弃将焦虑视为一种不良状态的观点。也许一旦这样做了，你就会意识到自己根本没有问题，你的所谓“焦虑”只是一种成见（受营销宣传和社交媒体的影响），即在生活中感到心理不适是不正常的。当你放弃以这种成见看待问题时，焦虑感也许就完全消失了。

站在提出问题的思维层次上，
是没法解决问题的。

全书要点总结

第一章 学会“看”世界

• **通过学习“学习”这件事本身，一切也许都能有所改善。**费曼之所以成为伟大的科学家，关键在于他是“怎么想”的，而不在于他“想的是什么”。

• **想象自己是第一次来到地球的火星人，摒弃陈旧观念，重新看待这个世界。**你看到了什么？如果你预先不抱任何信念，不带偏见，没有任何先验理解影响你的观察，世界对你来说会是什么样的？

• **超越语言的界限。**就算知道代表某个事物的符号，也不意味着了解它。

• **不行就先放放手，然后重新发奋。**放松、白日梦、创造力、快乐，这些都不是开展严肃的智力活动的障碍，相反，它们是严肃的智力活动的重要组成部分。你的大脑天生对世界充满好奇，好奇心和玩耍是它生存和进化的核心要素。严肃的游戏，也需要知识储备、专注力和明确的目的。这种游戏有助于消除倦怠感。

- **用科学方法构建我们的思维。**构建我们观察、搜集数据、做出预测、生成理论、借助理性和经验逐步接近真相与开悟的具体方法。

- **想寻找新的定律，首先要猜测，然后计算猜测结果，再将计算结果与自然现象进行比较。**如果结果与自然现象不一致，那么这个猜测就是错误的；如果一致，你就得到了支持自己假设的结果。

第二章　科学家的想法，到底哪里不一样

- **内在动机比外在动机更重要。**内在动机来自我们自己对重要和有意义的事情的判断，以及我们自主定义做事方法并确定目标所带来的满足感。

- **评估自己的动机和目标。**对自己诚实，面对现实，了解什么才能真正激励自己，再次感受对生活的热情，考虑更大的利益。

- **养成问问题的习惯。**用十二个问题构建“好奇心引擎”，在日常生活中寻找答案，帮你应对挑战、减轻压力、增强掌

控感和安全感，增加寻找重要联系和解决问题的机会。

• **不要害怕放松，新想法和新见解可能以非直觉、无意识或意想不到的方式出现。**对荒诞、不寻常或无法解释的事情保持好奇。

• **为了积极参与学习过程，提高自己的理解力，准备一个笔记本。**费曼在笔记本中列出了自己不甚了解的主题，使他保持条理和专注。

• **你可以借助“费曼笔记本法”向自己解释问题。**就像你在教授其他人，一个和自己很像的学生。你的笔记本是否理想，取决于你想让它发挥什么作用。

第三章　去芜存菁

• **“你不能欺骗自己——你其实是最容易被自己骗的人。”**我们要对知识保持谦虚，避免专业知识悖论和功能固定性，不要假设自己已经知道一切。要成为谦虚的天才，需要放下自我、虚荣，以及被认为正确或聪明的想法。一切理解都只是暂时的。永远从头开始，不轻信任何假设。

• **把自己定位为初学者，而不是专家。**按照苏格拉底的方式，从零开始，看看你能一步一步地建立哪些知识。

• **如果你无法解释清楚一个术语，那可能是因为你没有完全理解它。**尽量用自己的语言简单地解释事物。警惕技术语言的误用，或者用科学的语言包装荒谬的想法。

• **将问“为什么”作为一件重要工具。**在正确的层次上提出问题，并意识到在某个时候，你必须接受给定的某些定义和解释。

• **你的解释是否真正做出了解释？**“为什么”这类问题揭示了我们目前“满意”的答案，以及为了得到这些答案，我们做了哪些被视为真的假设。警惕那些没有任何解释能力的循环论证。

第四章 构建自己的“世界地图”

• **模型是现实的地图，也是世界上某些事物的缩小、简化的表示。**费曼的天才之处在于他的思维模型的力量，以及在它们之间切换的能力。为了更好地解决问题，你的工具箱中应该有更多的工具，你应该善于选择使用哪个工具、何时使用工具。

• **建立更好的思维模型，意味着学习利用自己的大脑作为主要思考工具，世界观作为次要思考工具。**让自己不断接触并连接不同的新想法，培养元认知。

• **将未知与已知联系起来，我们可以了解更多。**科学是一种想象形式，它使用语言、意象、隐喻、象征和类比来与现实互动。

• **门徒效应：教学能帮助教师更深入、更富洞察力地理解教学内容。**使用简单、普通的语言，教别人 / 你自己去理解一个概念的核心。自我诘问，并勇于寻求反馈。

• **IRADE 法：物理教育中的一种方法，代表介绍、关联、应用、演示和检验。**它不仅可以帮助你教和学，还可以更清楚地传达你的想法。

第五章　综合起来，实际用一用

• **你教一个知识的次数越多，对它的理解就越深；理解得越深，你就越知道如何把它教给别人。**费曼在教学、学习和沟通中采用的方法，本质上是对科学家个人思维过程和思维模型的拆解。

• **首先确定主题，写下你知道的一切，然后使用简洁的语言、简化的概念，用自己的话把你知道的教给孩子。**简短明了，提前回答问题，找出学习中的差距。解决这些问题，在学习的过程中“讲故事”，并使用类比、隐喻和生动的语言构建一个线性叙事。这种方法适用于任何研究领域，而不仅仅是科学。

- **意识到探究在思想层次中的位置。**人类的一切智力探索，都是在不同层次的解释和理解上进行的。知道自己所处的层次，并探寻不同层次之间的联系。恰当选择探究层次，会帮你解决当前所在层次上的问题。

版权声明